大是文化

すぐやる人の「やらないこと」リス

管理，就是先決定不做的事

事業想成功、投資想賺錢、職場有表現，
你需要的不是馬上行動，而是先明白哪些事「不做」。

英國劍橋大學心理學碩士、
幫助超過四百位日本人成功錄取海外頂尖學校
塚本亮——著 高佩琳——譯

CONTENTS

第三章

應酬、裝懂、說大話，都拖累你的效率

第四章

習慣造就了我們，請培養這些習慣

推薦序一

人生中，除了加法，更需要減法

《人資主管UP學》部落客、影響力教練／楊琮熙

「決定不做什麼，跟決定去做什麼一樣重要！」這是美國蘋果公司已故創辦人史蒂夫・賈伯斯（Steve Jobs）的名言之一，也是我初讀《管理，就是先決定不做的事》後最深刻的感受。

從事人力資源管理工作十多年，我常在受邀講課或是自辦的工作坊中，與學員提到「減法思維」的觀念。而這想法剛好也與本書作者所提的概念：「把時間與精力用於真正重要的事情上，才能豐富人生。」相互呼應。

很多時候，我們什麼都想要，因為人性本來就是喜歡獲得，不喜歡失去。以至

於讓人們付出了許多心力在自以為很重要的事情上。但仔細想想，其實許多我們認為應該要做的事情，在本質上很有可能不做也無所謂。

在商業界裡，我常以賈伯斯重回蘋果公司為例。

賈伯斯被自己一手創辦的蘋果公司趕了出來之後，這家公司變得什麼都賣，收益卻逐年下降。許多人以為賈伯斯重返公司後，將會在個人電腦領域繼續與對手正面對決、推出更多具有競爭力的產品，準備在市場上進行一場激烈廝殺。

沒想到，賈伯斯回歸的第一件事，竟然是評估如何精簡產品線與去除產品庫存，就如他所言，選擇不做什麼，跟決定做什麼一樣重要。最終賈伯斯帶領蘋果公司起死回生，並成為科技王者的故事，就一直流傳到現在。

那在人生道路上呢？有沒有什麼可以幫助我們思考，「優先考量不做什麼，更勝於去做什麼」的參考指引？

我想這本書提供讀者很好的思考脈絡，原因有兩個：第一，作者不到四十歲，高中時差點被退學，但後來居然進入了英國劍橋大學心理學研究所，完成碩士課程。回到日本後，迄今指導過的世界級人才多達六千人，還出了許多暢銷書。以他如此精采經歷所提出的觀念，一定有讀者可以借鏡的思維模式。

第二，作者在這本書反覆提到：「判斷不做某件事情，跟去做某件事情一樣重要。」所以，他從想法、工作、關係、習慣、成長與人生等六個維度中，總共列出了五十件的不做清單。提醒讀者減輕身心負擔的方針，才能把時間放在能豐富人生意義的事情上。

如果，你也渴望追求自己的成功，或許可以透過此書，學習到「減法思維」的精神與做法。

祝福閱讀此書的你，開始懂得為個人的思考與行動做捨棄，把時間聚焦在核心能力的精進上，藉此獲得想要的幸福與人生！

推薦序二

超級成功人士懂得對絕大多數的事說不

《Zoey 佐編茶水間》創辦人／Zoey 佐依

股神華倫．巴菲特（Warren Buffett）曾說：「成功人士與超級成功人士的差別在於，超級成功人士懂得對絕大多數的事說不。」

在個人品牌邁入第三個年頭，我開始發現商場與生活中處處充滿著機會。我們可能會同時有出版社邀書、廠商合作或演講邀請，對於一人公司的創業者來說，我看待每一次的邀約，都如同天上掉下來的大禮：「實在是太榮幸了，我一定要把每一個活動都承接下來，好好把握。」

我過了「Say yes to everything」的生活好一陣子，卻也發現每一個機會的背後都藏著風險與成本，雖然活動多不是一件壞事，但就長遠的目標來看，它卻不一定是有助於品牌成長的關鍵要素。

這時候我會開始想：「如果出現在眼前的，是一個不怎麼樣的機會，那當然很容易就能判斷，拒絕也不是一件難事，重點就是，出現在眼前的邀請都是看似很棒、很難得的機會，又要怎麼樣做選擇？哪些事情是值得接下、哪些事情是可以說不的呢？」

這本書的作者用非常有條理的敘事方式，再加上實際的故事案例，來讓你了解「選擇」的藝術。

很多時候，我們沒辦法清楚判斷，究竟哪件事才能真正有實質上的改變，這很有可能是因為，我們對於目標和終點沒有清晰界定，導致各式各樣的事情，都讓你以為自己朝著想要的方向前進，殊不知這可能讓我們無法聚焦，也可能把精力都花在非刀口的事情上。

在生活中，我們被無止境的待做清單給塞滿，但我們可能從來沒有想過要設計一個「不做清單」。事實上，知道不要什麼，跟知道要什麼一樣重要。

當我們能夠清楚的指出什麼是不必要的想法、不必要的情緒、不必要的行動、不必要的物件，那你的生活就可以更加的被必要的人事物給圍繞著。

在資源如此充沛的時代，我們很容易會有物質、關係或知識上的成癮，這樣的癮，會讓我們見到什麼就覺得自己想要、需要，尤其在知識成癮上，大部分的人也會拿成長作為擋箭牌，不斷的餵食自己學習資訊，卻沒辦法全都內化，反而造成精神和心靈上的負擔。

如同巴菲特的名言，大量的吸收知識、努力學習，當然有機會讓我們成為成功人士、打造理想生活，但成功的人與非常成功的人的差別，就是成功人士比起要更懂得「不要」。

願我們都能學會選擇的藝術，找到「不要」的精髓。

前言

不做某件事，比立刻做某事，更重要

二〇一七年我出版了拙作《「行動派」與「空想派」的習慣》。託許多讀者的福，這本書銷量高達二十五萬冊，成為暢銷書。因為這樣，後來不論我走到哪裡，別人對我都有一種「行動力很強」的既定印象。

隨著我的知名度越來越高，找上門的工作洽詢和委託量也超乎以往，雖然很開心，但不少人都認為我接到委託就會馬上行動，而不斷捎來聯繫。我也希望自己有足夠的時間和精力去回應，但真的很抱歉，如果來者不拒照單全收，很多事情我就無法游刃有餘的準備了。

雖然我認為立刻去做固然重要，但也要明確規範好能力範圍，一旦超過便毅然捨棄。**判斷不做某件事情，比去做某件事情更重要**，因此，我現在會推掉不感興趣的工作邀約，也**不會花時間去回覆某些不明所以的委託洽詢**。

我一直以歸零思考來設想：「去做那件事有沒有意義？那件事又有什麼價值？」從前我總是開著信箱，一收到信便馬上回覆，後來發現這麼做反而拉低工作效率，所以我決定改為在固定時間內一起處理。結果，我能專心工作的時間增加了，處理工作的速度也跟著提高。

日本知名搞笑組合 KING KONG 的成員西野亮廣，於有聲數位媒體 Voicy[1] 的個人頻道上說過：「**願景就是決定不要去做什麼**。」人一旦成名後，各種請求及工作便會蜂擁而至，要是來者不拒，你將無法把時間與精力用於真正重要的事情上。

當你把忙碌，誤認為是自己很努力的證據時，就沒有餘裕去思考，什麼事對你而言才是最重要的。

馬上動手，說到底只是一種手段而非目的。雖然立刻去做很重要，但更要緊的是，要明確釐清是否真的有必要。不論工作或人生，原本就沒有正確答案，只要你願意，就能無止境的做下去。不過，如果不去思考這份工作是否有意義，你的時間和精力，便會損耗在毫無價值的事物上。

人生中其實有很多你覺得應該要完成，但不完成也無所謂的事。

當你去做沒價值的事讓自己因此忙碌，人生也不會豐富起來，如果你不把時間和精力投入在能豐富人生的事情上，就不會得到相應的豐足。

那麼，什麼才能使你的人生更加充實？與家人相處？和朋友一起出外旅行？去海邊放空？為了夢想而拚命？動機因人而異，但你能做些什麼來增加這些活動？

沒錯，你要優先考量不做什麼更勝於去做什麼，而這點也牽涉到你自己的人生觀。因此，我想在本書提供一些「不做」清單，幫助各位活出更豐富的人生。

誠心希望能減輕各位的身心負擔，度過愉快的每一天。

1 為日本專營有聲數位媒體的應用程式（App），創設於二〇一六年，類似臺灣近年流行的Podcast。

第　一　章

立刻行動的人是這樣想事情的

好的想法能加快行動，壞的想法會為行動踩煞車。你之所以做事拖延，問題或許出在過去累積下來的想法形成了阻礙。不妨先修正那些以前覺得理所當然的觀念。

1 做事一直拖，因為你沒把事情寫下來

做事拖延的人，其特徵就是腦中雖有各種想法，卻搞不清楚自己到底想做什麼，這種人在行動時自然顯得舉棋不定，而立即行動的人不會只在腦中思考，他們會在紙上寫下要做的事情。

尤其在現今這種資訊氾濫的時代中，事情往往是一件又一件、接連不斷的增加。這種情況下，很難集中精神來思考。

相信各位都有這種經驗吧，心裡盤算「A這件事該怎麼辦」時，下個瞬間又被「話說還有B這件也要處理」的念頭干擾而分心。如此一來，不管多久也下不了決定，當然也無法做出判斷。

正因為行動派很明白這點，所以他們不會只在腦中思考，而是試圖透過寫下

來，藉此整理腦中的想法。至於拖延空想派，往往只倚靠腦中記憶，當終於意識到忘記做某件事時，也只會抱怨自己記憶力不好，又因腦中塞滿太多要做的事情，而讓自己陷入混亂，大幅降低腦的運作能力。

反之，行動派會設法清空無謂思緒，減輕大腦的負荷。這樣一來，就有餘力去將精力集中在本來就該做的事情上面。特別是那種需要專注的工作，例如書寫文章、製作企劃書或簡報時，必須為腦內留下充足的處理空間。

最好的做法是，不論事情有多瑣碎，也要全部寫下來。

只要寫好清單，每當一件事情告一段落，就著手去做下一件，並專注執行。更甚者，當你逐漸完成清單時，也能看見自己完成了多少事項，連帶提升自信。我們常記不住自己曾經做過的事，**那種自以為很努力的感覺，跟能夠具體掌握自己做過什麼的自覺，會為你帶來天差地別的影響**。

雖說是馬上行動，但也不是要你面對任何事情都立刻做，而是在於能毫不拖延的先去做優先度高的事情。不論做了多少不重要的事情，都無法帶來巨大成果。

你要時時留意事情的優先順序。如果不打算馬上處理重要性較低的事情，先寫下來就能避免遺漏；而不太重要的信件，也沒有必要馬上回覆，只要寫下「回信給〇〇」就可以了。

POINT

不論事情多麼瑣碎，也要一一寫下來。

2 該省事的地方要省力，關鍵時刻你才有動力

深受日本歡迎、活躍於西班牙巴塞隆納足球隊名將梅西（Lionel Messi），以不在球場上奔跑聞名。每場球賽的跑動距離都在頂尖球員的平均值以下，儘管如此，他每年依然交出頂尖水準的進球紀錄（二〇一八至二〇一九年球季的三十四場比賽中合計三十六球），而且還是世界頂級的聯賽，實在非常厲害。

為何他能留下這樣的成績？

球技高超這點不用多說，他**在球場上不會從頭到尾全力奔跑，而是瞄準勝負關鍵的瞬間往球門衝刺**。帶球時也一樣，如果一直帶球猛衝，會讓比賽對手習慣這個速度；讓人以為是慢慢跑的下一瞬間，提升至最快速度，對手就會跟不上，他很清楚控速的緩急之差有多重要。

立刻行動的人也一樣，不會投入自己的全副精力，而是明確區分重要與不重要的事情，他們清楚知道何處要施力或鬆手。很多人拚命努力卻得不到成果，就是因為沒有留意投入力道的輕重緩急，才會在關鍵時刻欠缺動力。

這樣看來，還不如在能省事的地方盡量省點力氣。

日本人莫名重量不重質。即便在假日也會覺得「別人都這麼努力只有我休息不太好，要更拚命才行」，而對自己苦苦相逼。

步調一致固然不錯，但若每個人都如此，便無法充分發揮個人所擁有的能力。如果所有人都重量不重質，事情東做一點西做一點，到頭來還是不曉得自己到底在做什麼。

重視品質能帶來巨大的成效。

你聽過「帕累托法則」（Pareto principle）嗎?這是一個很常見的知名商業理論，主要在說占全體兩成的優良顧客，會帶來八成的銷售量。由於八成的成果取決於兩成的活動，所以必須將時間與精力投入那兩成當中。如果把時間與精神全部花在其餘八成不太重要的事情上，就會讓其他更重要的任務被往後延。

你是面對所有大小事情都等同視之的人嗎？但執行力強的人隨時都會評估可以省力之處，不會事事全力以赴。

POINT

隨時思考，何事該出力，何事該省力。

3 替自己找一個馬上去做的動機

做喜歡的工作會令人樂在其中。但有些人面對單調的工作時，就會提不起勁，若不花點心思在沒有幹勁的事情上，事情就會被自己無限推遲。

這時，行動派的人會轉換念頭，提升自己的動力。

我高中時每天早上要花一小時搭電車到學校，但到了高三準備升學考試時，反而避開爆滿的急行列車，刻意改搭區間車，因為這樣就有座位可以坐了。

我之所以想坐下來，是為了讀書。

我會翻開問答型式的問題集或英文單字本，並默默決定好抵達下一站前要做完哪些範圍，開始自己與自己的競賽。然後，在電車到站後的停車區間中場休息，等電車發動後再繼續。

我把自己在有限時間內，能讀多少書這件事當成一場遊戲，儘管通勤時間延長為一個半小時，但這讓我得以確保一段能專注念書的時間。

創辦日本服飾電商ZOZO公司的前澤友作[2]，年輕時在超市收銀打工時，就把預測顧客究竟會用現金，還是信用卡來結帳當成遊戲，如果連續猜中十人，就去吃特大碗牛丼，當作送給自己的獎勵。

你能在既定時間內完成多少工作？

為了增添樂趣，不妨設想一個小目標：若能在二十分鐘內完成這些範圍，就可以吃一塊巧克力。

實在沒有幹勁時，透過增添一個不同的動機，便能轉換心態，如此一來事情會更容易有所進展，還可以避免延後去做。

工作不盡然是樂事，時不時也令人不來勁，而換個角度看事情的最大好處，就在能化被動為主動。完全按照主管的指示去做是被動，但若多用點心去想「要不要試試這個方法？這樣做不曉得會怎樣？」就能化被動為主動，更積極去做。

你原本不感興趣的工作，也會因為你多花點心思而充滿樂趣，任何事情都能以樂觀的態度去處理，有助於你得到他人信任。

POINT

換個角度，把事情變成是你自己主動去做。

2 前澤友作，一九七五年出生於日本千葉縣，企業家、創業家，曾為樂團鼓手。最早於一九九五年創設專賣進口唱片、CD的公司，後於二〇〇〇年轉型成線上購物網站。而創立於二〇〇四年的「ZOZOTOWN」則成為日本最大的時尚服飾電商，二〇一九年被日本雅虎收購。

4 讓很厲害的人願意幫你

行動快的人，不會事事都想靠自己完成，而是先充分理解自己適合什麼、擅長什麼，然後只做適合自己且又得心應手的部分，除此之外的則竭力避免。

大家知道史丹李（Stan Lee）嗎？蜘蛛人、X戰警、復仇者聯盟、浩克等，幾乎所有漫威角色都是由他所構思出來，但這些角色都不是他畫的。

沒錯，**史丹李不會畫畫**。

史丹李會構想、寫下故事，接著用口述的方式請漫畫家描繪出來，之後再反覆修改，直到磨合出符合自己想像的成果出現為止。儘管他不會畫畫，卻能用這種方式不斷產出英雄人物，並以漫畫、電影的形式席捲全世界。

「我超愛漫畫，也想畫漫畫！」當你有這種想法時，應該會去練習畫畫吧，但後來發現自己畫不好，就會覺得自己沒有天分，之後便決定不再畫畫了。但這種想法是錯的，會有這種念頭，我想原因出在教育方式。

請回想一下學校或補習班是怎麼上課的吧。就只是老師站在講臺上，所有學生被動的聽課而已。

學生很少有機會和其他同學一起解題，只能拿著課本和參考書，自己一個人想出答案。這種自我想辦法型的學習方式，讓人到了職場上也極度缺乏與團隊合力執行事情的經驗。

人人都說日本是和之國、日本人擅長團隊合作，但令人意外的是，日本人遇到各種工作、學習和運動方面的挑戰時，很多人偏好獨自面對，而非與他人共同合作來取得相乘效果，可以說很不擅長團隊解決問題。

因為缺乏合作經驗，讓人不知不覺間變成只會一個人做事，然而一個人其實很難辦事，也無法快速做完，導致很多時候只能擱置一旁草草了結，也因為愧於拜託他人幫忙，所以遇上自己力有未逮的事情時，往往只能選擇放棄。

請澈底擺脫「拜託他人等於無能」的想法吧！只要願意依靠他人，自己就能做更多事，更有心力去想該怎麼做，並大幅拓展各種可能。

POINT

自身不擅長的事情，就請其他人做。

5 總想掌控自己控制不了的事，難怪你焦慮

我高中時從《與成功有約：高效能人士的七個習慣》（*The 7 Habits of Highly Effective People*）這本書中學到，**專注於自己能掌控之事**的重要。

在那之前，我總覺得自己之所以做不到，都是別人的錯，都是學校和父母的錯，才會害自己考不好，但其實不論學校或父母都沒有控制我。況且不論我如何哀嘆現實、怪罪別人，學校既不可能變成名校，父母也不可能改變。

那些靠一己之力也無法改變的事，就算你抓破頭去想，也不會有任何變化，所以馬上行動的人不會過度執著於自己無法掌控的事情。

「只要那個主管不在就好辦事了……。」想必你在日復一日的工作中曾這樣想過。不過，你無法控制那個主管的存在與否，且一旦你試圖掌控，只會徒增自己的

壓力罷了。

接著讓我們試著從主管的立場來看看。

「為什麼只會按照指示去做？不會自己想辦法嗎！」假設你是主管，光抱怨部屬也解決不了問題，對吧？畢竟就算指責再多，部屬的能力也不可能在一夕之間大幅成長。

儘管你能改變自己，卻很難改變別人，如果部屬沒有按照你的期望行動，不妨先反思自己，來獲得自我成長的機會，例如，反省自己的行為，「問題可能出在我的表達方式太糟了，或許我該跟部屬建立更良好的互動關係」。

我們很容易在不順心時，向外部追究原因，這是人的一種天性。但如果一直試圖拚命去控制我們無法控制的事情，只會換來滿身疲憊。

人一旦開始煩惱，大多時候會去想這件事自己能不能控制，所以應該冷靜下來，試著重新審視自己的處境，然後不要過於執著自己無法掌控的事情。

空想派的人除了空有一張嘴以外，什麼問題也解決不了。放開自己控制不了的事，正是成為行動派的第一步。

POINT

人會為了自己無法掌控的事情而煩惱，這時就需要放手。

6

掏空負面情緒，人就會馬上動起來

相信所有人都有這種經驗——遇上討厭的事情或感到疲累時，就算想著不做不行，行動卻跟不上，整個人陷入一種「什麼都不想做」的狀態；遇上開心的事情時，又覺得自己什麼都辦得到。

行動與情感堪稱一體兩面、難以分割，可見壓抑負面情緒會降低人的行動力，必須盡力避免。

前陣子到大學演講時，有學生問我：「我很想專心做眼前的事，但一直想起討厭的經驗導致無法集中精神，該怎麼辦才好？」這種時候，若硬壓下厭煩情緒，反而更會停留在腦中揮之不去。所以坦率面對負面情緒，才有助於集中精神，這種方法看似在繞遠路，卻是最有效的處理方式。

做事主動的人能坦然的向旁人表達自己的情緒，覺得辛苦時會說「我好累」、不安時則說「我很擔心」。這些都是人會有的反應，隱藏軟弱強裝厲害是沒用的，能**反過來展現自身弱點的人才是真正的強者**。

遇上困難時就向旁人求助，看到有人不知所措，面有難色時就上前幫忙。一旦你建立起這種人際關係，都會讓精神與行動更加穩定。不斷故作堅強，只會讓負面情緒累積到極限後一口氣爆發，反而會為旁人帶來更多麻煩。

話雖如此，你可能也有一些不能對其他人說的事情，碰到這種情況時，可以通通寫下來。在紙上胡寫亂寫，一直寫、不停寫，直到負面情緒完全掏空，再也寫不出來為止。

光是這麼做，就能客觀的看見自己到底為了什麼而厭煩、為了什麼而疲倦。這就跟你和朋友討論煩惱時，光是說出口就能讓內心冷靜下來、獲得解脫一樣，單單把心情語言化，便能讓內心一下子變得條理清晰。

我們每天活在各種不安和緊張之中，生活中不會全是好事，而壓抑負面情緒會讓人不想採取行動，所以當你情緒感到不對勁時，就要盡快傾吐。

POINT

發洩完不滿情緒，你會更有行動力。

7 「我應該……。」會讓你對其他選項視而不見

「應該」二字，會讓人對其他選項視而不見。

明明有那麼多選擇，卻讓自己主動忽視，只因為陷入「應該＝理所當然」的執念中，就不再對事物的運作方式提出質疑。

「應該要趕快回郵件。」、「應該做出符合年紀的行為舉止。」一旦這麼想，便會搞不清楚某件事情是否真的值得去做。當你思考「為什麼會這樣」、「真的是這樣嗎」時，就不必為了無用的事，而騰出時間與力氣，也不會感到有壓力。

一旦被「應該」制約，緊緊抓住不重要的事物不放，遲早會讓自己崩潰，還很容易讓你的人際關係變差。那些被制約的人，往往對自己和他人都很嚴苛，因為他們面對再微小的事情也要黑白分明。

人也有將自身價值觀強加給別人的習慣。更別說現代人擁有更多樣的價值觀，如果堅信自己是正確的，很可能失去他人的信賴，落入自尋死路的境地。

以結果來說，受到制約的人，眼界會變得狹隘又孤立無援。例如，當你和他人有不同意見，可能會去想「啊，原來還有這種觀點呀」，或者偶爾會反思：「問題可能出在我的看法太死了？」然而受到制約的人辦不到，他們只會覺得：「為什麼不照我的意思去做？」連帶導致這些人在工作上不能充分發揮團隊精神。

自從我將「不做什麼」當成基本行動方針後，就澈底擺脫「應該」的束縛了。只要做好該做的本分就夠了，無謂的承擔只會為要立刻去做的事帶來負面影響。

我以前也會不假思索，做著自以為理所當然的事情，但在某個瞬間，我突然停下來思考：「如果不做的話會怎麼樣嗎？」而結果往往是：「啊，就算沒完成也沒什麼大不了嘛！」然後就此打住。

應該，這種想法會讓人累積壓力，也會讓人際關係惡化，所以，不要再讓「應該」帶來不必要的痛苦。人生中因為想做而行動，會比「應該」更能帶來充實感。

POINT

「應該」這種想法會造成壓力，人際關係也會跟著變差。

8

你相信「言靈」嗎？我信

否定句會腐蝕人心。常用「但是、可是」等否定用語的人多為拖延派。

若你開口閉口都是「辦不到、不行」等字眼，自然容易變得洩氣，想法也會跟著倒退，進而拉低自我肯定感。這樣一來，行動力必然會下降，以至於就算遇上必須處理的狀況，腦中也會充滿藉口，想方設法尋找辦不到的理由。

我會竭力避免使用否定用語，甚至**盡量不跟消極負面的人往來**。若老是跟那些總說：「就是辦不到呀！」的人相處，根本沒辦法有積極正面的對話。

以「怎樣才可以辦到」取代辦不到，便能時刻思索方法，也可以用「接下來採取這個方法的話或許不錯」來思考，而非用「可是……」做為推託的藉口，當我們常使用否定詞，不自覺會變得萎靡。

要將消極轉為積極，我覺得改變對他人的用詞，這個方法最為簡單有效。藉由考量要怎麼對人表述的同時，也能客觀的回顧自己，當你把積極詞語帶入每一句話中，你的思考方式自然就會變得更正向。

當你感覺快要說出：「但，這麼做風險很高吧？」、「就算這樣還是很難吧！」這種話時，不妨先停下來，換個想法，試著把說詞改成：「風險確實高了一點，但怎麼做才能順利進行？」

空想派的人大多使用否定句，卻沒留意到語言所擁有的影響力。

相信大家都有聽過「言靈」一詞。言靈，意指說出口的話會吸引相應的事實發生，日本人從一千兩百多年前開始，便相信語言中蘊含著力量，故而認為「好話會吸引好事，壞話則會招來禍害」。

任何事都一樣，要先試過才會知道是吉是凶。動手之前便用消極用語否決掉一切可能的話，事情就不會有絲毫進展。行動派喜歡去思考解決辦法，所以會用正向積極的用語。

當你有意識的以肯定詞語取代負面詞語，便能讓自己的想法變得更積極，連帶也能讓旁人的情感轉趨正向。如果你忍不住要說出負面用語時，先停下來吧，只要你不使用它，必能讓思考方式隨之轉變。

POINT

改變說詞，想法也會隨之轉變。

9 比起計較結果，你更該重視做了多少準備

努力了卻沒有結果，已是家常便飯。

不論工作或人際關係，都需要有對象。令人無能為力的是，每個人都有各自的盤算和價值觀，就算你是出於善意，而為他人做了什麼，對方也不一定會領情。

例如在夏日吃冰淇淋，當你吃第一支時，會覺得「啊～真好吃」；吃第二支時，或許還會想「真好吃啊」，卻沒有第一支時那麼感動了；吃到第三支時，開心程度漸漸減少；若持續吃到第四、第五支，情緒便不再有所波動；到了第六支，想必你會因為噁心而連吃都不想吃了。

這就是為什麼我們明明吃的是一樣的冰淇淋，但所得到的價值卻不一樣的原因。由此可知，不論你做了多好的企劃、多棒的簡報，只要不是對方想要的時機，

就很難被接受。

人生中，時機很重要。事情順利與否都取決於對方，不論你付出了多少，沒有回報的時候就是沒有回報，重要的是，要以這種心態去挑戰任何事物。

只在乎結果，就會想太多，最終什麼也沒做。所以你應該記住「任何因素都會影響結果」，優先專注於自己辦得到的事情。

「不論你為比賽做了多少準備，過程中都有各種因素相互影響，比如對手的戰術與預期的不同、天候、賽場氣氛等，實際上比賽會有什麼樣的結果，你永遠無從得知。勝負之間有太多不確定因素了。」這是我和中田一三（前京都足球俱樂部教練）交談時所聽到的一段話。

若執著於結果，你將永遠背負絕對不能輸、非贏不可的壓力。比起成果，更該問問自己是否盡了最大的努力，然後坦率的接受結果。接受結果，代表你接納自己當下的能力，當你俯瞰自己的人生時，會知道這一切都是推動成長的養分。

對專業人士來說，結果就是一切，但即便是專業人士，也必須專注於自己辦得到的事，才能獲得成果。而對執行力高的人來說，結果就只是結果，雖然會去追求，但他們認為這只是接續未來的一個過程，他們更重視實際付諸行動。

POINT

結果只是接續未來的過程。

第　二　章

忙碌看起來很充實，但會讓你錯過機會

當你以忙碌自我欺騙，將無法擁有充實的工作與生活。不妨先從自己開始，並帶動身邊的人，決定哪些事不做吧！

1 有活力時排難事做，沒幹勁時從簡單處著手

「早上先處理困難的工作比較好」、「先從簡單的事情開始著手比較好」，大家對工作方式都各有意見。就我來說，根據自己的心情來靈活調整最好。

例如，在早起時就活力充沛的日子，若先處理費勁的工作並順利解決的話，便能帶動下午上班的氣勢；若前一天過得很糟，或者疲勞揮之不去的日子，這種狀態下若硬要處理棘手的工作，只會讓事情沒有任何進展。這時，你需要先去做自己能完成的事，並等待幹勁之後崛起。

雖然我畢業於劍橋大學研究所，但我直到高中前都很不會念書，往往會在考試前一天先複習最不拿手的科目，結果有太多不懂的地方，腦力很快就消耗殆盡了。這讓我變得很討厭學習，甚至沒有多餘精力去念自己比較有把握的科目。突然從難

度高的地方下手，只會讓自己心力交瘁。

我現在有很多機會到大學授課或企業培訓，其中我發現，考試成績好的人都很擅長自我激勵。例如，成績不好的人通常偏好按照出題順序來做答，即便遇上難題卡住，也不會先跳過，因而白白浪費了力氣，再加上考試時間有限，以至於有時候還沒寫完考卷，就必須停筆了；而成績好的人會先從自己擅長的問題，或簡單的題目著手，因為他們知道順利解題能燃起考試情緒，有助於掌握寫題目的節奏、增強大腦的運作效率。

這就像騎腳踏車上坡。騎到坡腳才開始踩踏板，跟先在平坦的道路上為自己提升士氣，然後一口氣衝刺上坡，你覺得哪一個方式會比較有助於自己上坡？運動比賽也不例外，你覺得在投入激烈的比賽前，不先熱身就上場會如何？我不認為這樣能拿出十足的表現。

馬上行動的人，不會立刻推動巨大岩石，而是先挪動輕巧的小石塊，讓自己先順利步上軌道。

POINT

馬上行動的人，不會立刻推動巨大岩石，
而是先挪動輕巧的小石塊。

2

老鳥做事，從不期待「一次就過關」

行動派的人不會在開始就力求完美。

說到底，工作上根本沒有唯一正解。我認為，一旦陷入完美主義的想法時，就會花太多時間和精力，糾結在沒有必要的細節上，覺得「這樣做也不行、那樣做也不對」，導致遲遲無法付諸行動。

要想完全符合工作對象的期望並不容易。你會收到來自主管或客戶的各種委託，而這多半只是他們心中描繪的理想情況。就算你照著做，也不知道做出來的成果，是否符合主管或客戶所想。

就拿企劃書或簡報來說，你一頭熱的想做到完美，不斷反覆修正，最後提交時，卻很有可能得到主管一句：「你做的方向根本不對。」若你重做時依舊企圖

「一次就過」而省略報告進度，只會澆熄自己的幹勁；反之，若你能得到持續性的回饋，就能提升自己的士氣。

建議趁早做一份草案，向主管或客戶確認是否符合他們所要的方向，並先以六十分為目標就好。這樣會使你的內心輕鬆許多，並能讓自己先採取行動。

我寫這本書時，也用到這個方法。

我和出版社編輯見面、討論這本書的主題和方向等內容後，就開始下筆試寫。不過，我那時還不清楚自己的理解，和編輯希望我寫的到底一不一樣，所以我先寫個大概，之後請對方確認的同時，繼續寫作。

編輯介於作者和讀者之間，他們的工作，是思考作者該如何撰寫，才能滿足讀者。作者雖然是某專門領域的專家，但內容可能會過於專業或是難以讓讀者理解。

我在執筆拙作《「行動派」與「空想派」的習慣》的期間，起初寫了太多以心理學為出發點的知識，導致初稿欠缺自我風格——個性和獨創性。因此，編輯希望我多加入一些個人經驗。

個人經驗更能帶來親切感和真實性，即便科學依據很重要，但光只有硬梆梆的知識，書本內容會很無聊。編輯為我指出這點後，我便著手修改初稿，在文章中添加個人經歷。

我現在會向編輯表示：「我會先寫一些草稿給你看，你儘管吐槽沒關係。」之後我會持續和編輯溝通，寫出更好的初稿。

工作上若能運用這種方法，便能大幅提升精準度和速度。

POINT

捨棄一百分的完美主義，先做到六十分再說。

3 詢問客戶的死線，但提早完成

馬上行動的人不會真的遵守他人的指示，或工作的截止期限。因為只要一想到「還有好幾天」就會讓自己懈怠，結果逼近截止日時才開始慌張不已。所以**截止期限要由自己決定**，你要詢問對方的日期，再依此設定截止時間。

行動派都有共同點，他們會用這件事值不值得做的角度來判斷事物，而非用是否有前例可循。換言之，不是因為有人做才跟著做，而是由自己判斷要不要行動，縱然無前例可循，只要有意義或價值就去試。

據說人類的大腦在某一程度的緊張狀態下，反而更容易集中精神。就像考試，如果你覺得還有時間，就容易鬆懈，導致最後時間不夠；若想著沒有時間，反而能逼自己專注。

在沒有時間限制、隨時都可以處理的情況下，你的思緒自然會飄走，難以進入狀況。為了提起勁，你需要設立自己的目標。畢竟當別人發出指示或委託時，你會將他人委託當作他人之事，而非自己分內工作。因此，對意志力薄弱的人來說，承諾，最有約束效果，也可以藉此產生推動力。

透過承諾，能讓眼前的工作成為「自己」的工作。例如，當對方說：「一星期後提交就可以了。」你就告訴自己要在四天內完成。接著整理出所有步驟後，就大方宣布：「四天後會先提交一次。」當你做出這項宣言後，為了能在四天內完成，你的大腦就會開始運轉，思考具體可以達成的手段。

如果是長期計畫，中途特別容易鬆懈，所以要訂出許多細項目標。假定提交期限為兩個月後，你就要宣告：「下週前會完成〇〇給您確認。」如此你便會有「下週就要交了，得馬上處理才行」的念頭並付諸行動。

當然，你也不能明知不可行還硬為之，明明束手無策卻還告訴對方：「我可以！」結果沒實現諾言，這樣反而會讓人覺得「什麼嘛，那傢伙只會用嘴巴做事」，並不是所有事情先宣布出來後就能順利完成，在討論截止期限時，若真的覺得辦不到時，就要直接說不行，並且重新修改截止時間。

此外，你在工作時，是否能隨時留意完成期限，將大幅改變你專心投入的程度。如果我們的時間非常有限，就能仔細評估真正能辦得到的事情，並做出取捨。好好聽清楚對方所希望的期限，然後以提早完成為前提，評估該怎麼做，並依此制定自己的執行計畫。

我至今仍然覺得自己又懶又意志薄弱。一不小心就會冒出「能省一件事就省一件吧」的心情，而想逃避工作或健身。因此，我會時時留意要有一套能推動自己的計畫，而非單純倚賴意志力來行動。

POINT

由你自己決定截止期限。

4 早上，是意志力最旺盛的時間

立刻行動的人，他們會依照不同時段，區分出該做與不該做的事情。

根據大腦運作的節奏，一天當中大腦有分活躍時段與不活躍時段。首先，大腦會從起床開始的兩至三小時後，達到活性化高峰，這時的大腦運作最有效率。若以早上七點清醒來說，約莫在九點到十點之間，會是大腦最活躍的時段。

這一波高峰約會持續到中午，之後會開始逐漸下降，而高峰時最能提高專注力。人在大腦最活躍的時段專注處理必要的工作，便可順利進行，而這份順利會成為自己很大的動力。

《這一天過得很充實》（*WHAT THE MOST SUCCESSFUL PEOPLE DO BEFORE BREAKFAST*）的作者蘿拉．范德康（Laura Vanderkam）提出了「早上是

『供應意志力』最旺盛的時間」作為研究結論。

特別是面臨工作上的問題，和需要投入全副心力的課題時，假設你七點起床，那九點到十點就是最佳處理時段，若你將這段時間用來解決不用腦力的作業，或者只顧著檢查郵件的話，就等同於白白浪費大腦運作的最佳時機了。

到了中午左右，大腦的機能會逐漸下降，午餐過後也容易產生睡意。我想不少人在學生時代都有這種經驗——再怎麼努力也戰勝不了下午第一堂課湧出的睡意。

因為吃完午餐後，腦內會分泌血清素，而血清素具有睡眠效果，並刺激褪黑激素的分泌，進一步強化睡意。這時，不論你多努力鞭策自己，你的大腦早已進入睡眠模式，工作效率勢必不會太好，在大腦不活躍的時段工作，很難有所進展，甚至可能會進一步累積壓力。

我每天都會保留一段午睡時間，就是所謂的「充電小睡」（power-nap）。簡單而言，就是指十五到二十分鐘左右的假寐時間。密西根大學的認知心理學研究中，也證實充電小睡有助於恢復意志力，其效果可持續兩至三小時。

你所訂下的每日計畫中，是否符合自己的大腦節奏？畢竟大腦節奏屬於生理現象，如果你反其道而行，不只什麼事情都做不好以外，也會降低自身的行動力，陷入越來越不想做的惡性循環中。

請你務必試著建立一個能活用大腦的計畫，一定能為你帶來充沛幹勁。

POINT

依照大腦的節奏來工作。

5 塞滿了行程，就塞不進機會

我會盡量不讓行程表滿到無法調整，我每天的行程中，一定會留下一些空檔。看到滿檔的行程確實會讓人覺得「自己忙碌又努力」。然而，機會總是來得出乎意料，若你沒有時間上的從容，就算機會來了也無法馬上採取行動。

這是發生在我身上的事情。第一章介紹過的漫威巨匠史丹李，他和其團隊曾在二〇一六年，為了「東京動漫展」來訪日本，而我有幸收到劍橋研究所時期的友人捎來聯絡說：「他們很想去京都玩，你可以幫忙接待他們嗎？」消息來得太突然，更別說他們一行人預計兩天後就要從東京出發，來到我所居住的京都。

能和這種世界重量級團隊牽上線，實屬千載難逢的機會，我因而變更了所有預定計畫，決定當他們的一日京都導遊。有了這份契機，讓我於二〇一七年受邀參加

「聖地牙哥國際動漫展」（San Diego Comic-Con International），我和該團隊成員邊吃飯邊享受海上運動，並談了工作方面的合作。

很遺憾的是，史丹李於二〇一八年逝世，但我至今依然跟該團隊有密切往來，我們正在進行一項動漫製作計畫，搭起日美之間的合作橋梁。

我曾為崔維斯．佩恩（Travis Payne，曾為麥克傑克森得力左右手的世界頂級編舞師）擔任口譯，也和這次的事情很類似。當時要在東京六本木舉辦麥克傑克森的粉絲會活動，我也是在活動前一週，才突然接到這份口譯委託。

你真的不曉得機會什麼時候出現，若平日塞滿行程，機會來臨時便無法及時上場。隨時為行程保留空檔，一旦有令你心動的邀約，便能立刻赴約。你可以依據重要程度，來為人生中的事物篩選分類。

事情不會永遠都按照預定計畫進行，這就是人生。萬一遇上電車誤點，或者被捲入小事故，要是行程表上沒有能調整的空間，可能就全部泡湯了，如果有緩衝空間，便能進行調整，也可以儘早採取下一個行動。

忙碌或許看起來很充實，但也會讓你失去機會。為了避免發生這種情況，千萬不要一味的塞滿行程。

POINT

隨時預留一些能靈活運用的空檔。

6 照套舊有格式，不是懶，是省力

我在第一章有提到，行動派很清楚哪裡應該出力、哪裡應該鬆手。他們之所以不貿然行動、能省事就盡量省事，主要是為了把所有力氣投入到重要的工作上。

用同一種格式來製作企劃書、簡報、會議紀錄等文件，也是相同道理。如果相同事情，每次都還是要從頭做起的話，這樣不論給你多少時間也遠遠不夠用。所以，不要抗拒制式化文件，這個做法會讓你今後再也不必浪費額外的時間和精力。

處理郵件也一樣。我除了日文以外，也需要寫英文郵件，所以我會將這兩種語言的常用字詞進行某種程度的制式化。

一般來說，郵件開頭都會用「謝謝您前陣子的關照」，這種簡單的開場白，接著傳達待辦事項，最後是收尾的問候語。因為開頭招呼語和結尾問候語，大都有固定形式，所以我會將這些用語當作罐頭文，存入電腦和手機的使用者字典中。

英文也如法炮製，這樣就能一口氣縮短寫信時間，例如：

I hope this mail find you well.（開頭問候，意指您好嗎）。

Thank you for...（想表達感謝之意時使用）。

Please find attached the file.（意指請參考附件）。

It would be great if you could...（想拜託對方某事時）。

當然，如果不需要罐頭文的話，我通常會直接省略。

網路上能找到無數素材，尤其是企劃書、簡報、會議紀錄等文件。「萬一別人覺得我盜用怎麼辦？」完全不需要擔心這一點，畢竟別人的資料，也可能是抄襲另一個人的，與其擔心這個，首要之務是要先釐清，自己要在哪一件事情上投入時間與精力。

這就是為什麼我基本上只製作粗略簡要的文件，並且重覆使用。

POINT

制式化並重複使用，可以節省力氣。

7 郵件不寫開場白，內容不寫廢話

執行力高的人，不會將郵件寫得太長，而執行力低的人則相反，他們只顧著把心思花在包裝場面話，這點自然導致他們花太多時間，就只為了回一封信。儘管寫得很用心，但對方不僅沒按照你的期望行事，大多時候根本連回都不回。

馬上行動的人，首先會考量這封信有沒有必要回，並用簡潔的文字傳達內容，甚至只回簡單一句話，像是「謝謝您」、「我知道了」，這點堪稱是行動派特有的習慣。

拉攏他人也是執行力高的人的拿手好戲，這部分會在第三章另外詳述。為了拉攏人參與合作，他們明白溝通方式越簡單，越容易傳達給對方，特別是當你合作的對象是大忙人時，這就是一項必備技能。

一封長文信件只會給對方帶來困擾。

不曉得大家有沒有這種經驗？當你一點開郵件，卻看到整頁滿滿的文字，瞬間喪失閱讀興致。這種情況下，光是閱讀就令人頭大了，如果還是一封必須回覆的信，難免會想：「看來要花很多時間啊。」而且對方的表達方式，有可能讓你困惑：「到底想說什麼呀？完全看不懂！」

「想跟您討論〇〇案件，請問能給我一點時間嗎？」寫信時，你要先寫出目的，再說明具體內容，如此便能減輕對方的負擔，也能讓對方知道該怎麼回信。

若希望對方行事流暢，就不能讓人費心思考。明明希望對方盡快行動，卻遲遲等不到回應，原因或許就出在你的信件讓對方產生混亂也不一定。

現代人大都使用即時通訊來互動，特別是 LINE 等社群網路，如果訊息過長，對方收到時應該會有很大的機率感嘆：「哇……（懶得看）。」

你如何用一句話來讓對方理解你想說什麼？

「承蒙您一直以來的照顧。我是〇〇公司的〇〇〇……。」你的開場白是不是也是這種徒具形式的文字？這是否導致你每次寫信都拖泥帶水、難以看到重點？你有沒有想過，真的有需要這些開場白嗎？

如果對方是往來頻繁的合作夥伴，不妨就省略開場，直搗重點吧！例如：「您好，關於先前的○○案件……。」

我以前也偏好寫落落長的信件。

不過，當我觀察有效率的人寫信都簡短俐落時，寫郵件時我就痛快斬斷無謂的開場白，以及和工作無關的內容。當我把花在場面話的時間，拿來做其他事情後，深刻感受到自己因此能完成更多工作了。

請你一定要重新審視自己寫信的方式。

POINT

效率高的人，信件內容都簡短俐落。

8 閒人才回覆每封信件，有能力者挑信回

行動派不會回覆所有信件。

我常聽人說，工作能力高的人都會很快回信、立即回覆，不過，他們並不是對所有郵件都馬上答覆。

高效率的人，會先釐清事情的緊急度和重要性才付諸行動。

工作上一有要緊且重要的事情，立即答覆確實為上上之策，但若大小事情全都如此的話，就無法專注於眼前的任務。

就我個人的經驗來說，真正有必要馬上回的信件，頂多只占一〇％左右。絕大多數都沒必要及時回應，更別說其中本來就有很多不用回覆的信件。

一般而言，**越閒的人回信越快**。

這種人搞不清楚問題的輕重緩急，所以一收到信就先回了再說，完全沒意識到這麼做不僅無法提升效率，也白白浪費自己的時間和精力。

以我為例，某天，我一早就要錄廣播節目，中午邊用餐邊開會，午餐後又去開另一場會，之後又為了其他案件繼續開會……光是這樣東奔西走，轉眼間就天黑了。這期間幾乎無法檢視郵件，所以累計了為數不少的待讀信件。如果每一封都要處理得仔細周到，就沒有時間和精力去做其他工作。

社群網路的留言也一樣。除非覺得對自己有好處才回，其餘的不回也沒關係，所以我都預設不回覆。畢竟那些毫無成效的你來我往，不會帶來任何益處。

前日本國家足球隊教練岡田武史曾在某場演講上表示：「學會主體性[3]（subjectivity）是日本人向來跨越不了的高牆……這點不僅限於足球界，整個社會都一樣。」當我聽到這段話時，忍不住強力點頭認同。我將從中得到的啟發，發表在社群網路上，然後有人留言說：「我曾見過岡田教練喔。」這種留言我通常都當作沒看到。

附帶一提，如果我收到曾見過面的人申請加入臉書好友的話，我基本上都會同意，但之後，臉書的 Messenger 會時不時收到這些人舉辦的講座說明信。這種訊息我也一律不回，只要讓對方知道收信人有看到就夠了，有興趣再回信即可。

與電子郵件相比，LINE 或 Messenger 等即時通訊的文字很短，會像對話一樣快速交流，我對這些通訊工具，也同樣預設不答覆。話雖如此，當工作上遇到緊急且重要、有必要快速進行的事情，以及當下需要為某事下結論時，我會及時回信。

你需要問問自己：「這封信真的不回不行嗎？」大小事都會馬上回信的人，只會讓人覺得欠缺工作能力。

POINT

既緊急又重要的信件，只占一成左右。

3 主觀性，意指以主體自身需求為出發點——即個體的觀點、經驗、意識、感受，去看待事物。相較下，客觀性（objectivity）則指從不同觀點或角度來思考或判斷某事物的合理性。

9

不要說「幫我」，要說「拜託你」

很少有工作只靠一個人就能完成，幾乎所有工作都得以團隊方式來進行。為了讓團隊工作有進展，除了自己必須踏實行動之外，也需要旁人跟著動作才行。如果只有你自己前進，周遭人卻沒跟上的話，就會導致工作停滯不前。你必須思考如何讓旁人即刻採取行動。

「你能幫我準備下週的簡報資料嗎？」、「你能幫我做報告嗎？」當你拜託部屬和同事時，是否只是口頭說說就結束了？如果是，那這種指示未免過於曖昧。倘若對方會提問的話倒還好，但我想多半都不會有人進一步詢問。

既然如此，你是否在心中曾有過：「到底還要做多久才給我啊！」、「跟我指示的內容完全不一樣啊！」等焦躁不滿的想法？「就算不說也看得出來吧」、「不懂的話可以直接問啊」，雖然這麼說也對，但很少人敢直接問。一旦結果與自己預期的不同，就得多費一次工從頭來過。因此，最好清楚溝通好步驟，畢竟用模糊的指令，除了會讓工作不順利，也會帶來壓力。

首先，我認為不只要告知最終完成日期，還要進一步表示，例如，「做到五〇%左右也行，到時先確認一下方向吧」，多少為對方降低一些難度；其次是傳達工作目的。

以企劃書或簡報來說，文章的寫法或文字大小等呈現方式，會取決於你的目標對象而改變。若是人數少的內部會議，版面文字較小、間距緊密也沒關係；若是針對人數多的外部公司做簡報，就要多費點心思了。當某項工作的目標很清楚時，就算有疑點，也很容易判斷並解決。

如果能明確表達為什麼要拜託某個人會更好。當人覺得自己深受依靠、仰賴時，會變得更有衝勁，所以當你以「這件事想拜託你做」這種表達方式時，有助於提高對方的動力。

我也一樣。接到工作委託時，若對方有說明為什麼要這樣做、為什麼會找上我，就會讓我想努力去做得更好。例如，當對方邀請我演講時，對方表示有讀過我的作品《「行動派」與「空想派」的習慣》，並拜託：「希望您向學生和家長談談，不要單單依靠意志力，而要懂得塑造環境的重要。」這樣一說，我就明白對方期待我談論「透過塑造環境讓自己動起來」這種激勵自我的內容，進而點燃鬥志。

人會好奇「為什麼是我」，而一旦發現「原來誰來做都一樣」，便不會奮發努力。大部分的工作都沒有正確答案，你只能摸索出雙方都能接受的解決方案。

若你希望對方即刻動起來，並且不會過度偏離自己預期的方向，就不要把工作通通丟給對方。

POINT

要讓對方立即並確實的付諸行動，「這件事想拜託你」，這句話很好用。

10 不說「等我一下」，改講「等我五分鐘」

「不好意思，我會晚一點到」、「昨天有很多人出席活動」、「資料稍後送出，請耐心等候」，這樣說只會讓等的人不知所措。

若對方換個說法，例如「我會遲到五分鐘」，你可能會判斷留在原地等；若對方說：「我會遲到二十分鐘。」／你可能就會選擇到附近的書店逛逛。

行動力高的人，就連平日說話都會具體表達，避免用詞曖昧不清。

容我再次強調，幾乎所有工作都需要多人共同合作，才能推動進度，所以必須力求和旁人和平共處。若傳達交件期限時用詞含糊，對方極有可能認為：「真是的，所以到底是什麼時候啊？」畢竟對方也要做準備和規畫，所以你要具體表示「〇日前完成」，對方才能夠採取行動。

另外，曖昧用詞有時反而給自己偷懶的空間。

「可以請您多等我一下下嗎？」我想每個人對於「一下下」的認知都不一樣。五分鐘是「一下下」，視情況，三十分鐘或一小時或許也能稱作「一下下」。然而，一旦你說出：「可以請您給我三十分鐘嗎？」就必須強迫自己想辦法在三十分鐘內達成，你等於把自己逼入一個不得不做、騎虎難下的狀態了。

你應該也有接過主管模糊不清的指示吧。當主管說：「你能盡快給我下星期的開會資料嗎？」你必定會疑惑盡快是指多快？是今天內？還是今天中午前？若你一廂情願覺得：「等我完成手邊工作後再送出就行了吧。」就會疏忽主管希望你「即刻做」的本意了。

人面對沒有明確期限的事情，往往很難產生動力，所以我盡量不含糊其辭，收到不清不楚的指示也不會默默吞下。若能試著詢問：「明天十點前提交可以嗎？」就可以將之變為具體行動了。

含糊的用詞足以令人焦躁不安，為了讓工作順利進行，最好盡量避免。

POINT

用詞具體，才能激勵人做事。

11 開會時，手機不要放在包包裡

我最近注意到一件事情，那就是工作能力強的人，在見面討論或正式會議時，不會把手機放在包包裡，而是直接放在桌上，甚至**還會光明正大直接拿起來滑**。

當然，這不是因為他們對見面討論或正式會議感到心不在焉。一旦談話中出現不知道的單字，他們就會在現場立刻查詢，因而提升了討論與會議的品質。舉例來說，與與會者交換名片後，若對對方的公司感興趣，除了聽當事人親口介紹之外，也能用手機點進該公司的網頁瀏覽。畢竟從對方身上聽來的訊息，不一定就是全部，對方可能只向你傳達了能跟你建立交情的必要資訊。不過，從你的立場來看，真正的合作切入點說不定是其他地方。

我前陣子就遇到這種狀況。某位在美國大型動漫出版社ＩＤＷ公司[4]任職的朋友，來日本時熱切的談到：「好想讓日本動漫在美國流行起來。」所以我就把他介紹給一位經手動漫製作的某公司社長。

朋友開始向那位社長解釋：「我們公司到目前為止製作的作品有○○……。」這位社長一邊說：「喔！這很厲害。」一邊用手機查看該出版社的網頁，結果卻被其他作品吸引過去，並表示：「原來貴公司也有出這種作品啊。」之後，話匣子就此一發不可收拾。假如社長只單純聽友人介紹，而沒有用手機搜尋該出版社的網頁的話，我想就不會有這種展開了。

就像「百聞不如一見」這句話一樣，若是感興趣，就不要讓你的好奇心只停留在對方給的資訊上，而是要自發性的去調查看看，說不定會因此發現意外的共同點，或者找到可以一起合作的商業點子。

正因為我們身處資訊繁多的社會，說不定你當下順手一查，腦中就會冒出疑問：「貴社似乎是這樣處理的，這跟○公司的方式有什麼不同嗎？」或許你就能當場向對方投出高品質的提問。

另外，有時候話題也會往意想不到的方向展開，所以光靠事前準備的資料，恐怕不足以應對。這時，你可以向對方展示自家公司的社群網頁或 YouTube 頻道等資訊，來增加談話內容的說服力，「這是我們公司製作的東西，但該怎麼做才能讓產品更好？」實際上邊看手機邊談話，對方會更容易想像。

如果你還擔心在對方面前滑手機很失禮，而將手機收進包包裡的話，就太糟蹋難得的機會了。所謂打鐵要趁熱，為了提高見面討論與會議的成效，你應該要立刻去查，如果你打算事後才調查，就會讓當下的討論不夠有深度。

POINT

不在當下立刻查詢，等於任由機會溜走。

4 Idea and Design Works，成立於一九九九年，為美國第四大漫畫出版社之一。知名的出版作品有《星際大戰》（*Star Wars*）、《忍者龜》（*Teenage Mutant Ninja Turtles*）、《變形金剛》（*Transformers*）、《彩虹小馬》（*My Little Pony*）等。

12 避免參加七人以上的會議

工作上免不了要開會。但你是否很清楚每一次開會的目標和意義？你一定也覺得有很多會議是沒必要的吧。我覺得為了參加而參加會議，除了浪費時間之外別無益處。

我在決定要不要出席前，一定會先確認議題、與會者有誰和人數，如果感覺成效可能很差，就不會出席會議，我會告訴對方，會議跟其他重要預定邀約重疊，所以無論如何都沒辦法參加。由於你早有其他重要安排，對方也只能摸摸鼻子接受。

此外，我也盡量不參加人數眾多的會議，因為很沒效率。開會就是為了讓大家當場交換意見，然後根據這些意見做決定。而在開會時不表示意見的人，不就沒必要特地到場嗎？

要想提升會議的成效，重點在於有明確目標、勇於發表意見的人，以及現場氣氛。這樣一想，當參與者越多，每個人的發言機會就會減少，只要有一方說不停，其他人便很難發言，成效自然低落。

假如是四人會議，由於每個人都能發言，所以能讓會議上的承諾更有效力。我認為人數少的會議，每個人會有更高的目標意識，就有可能在短時間內開完會。

會議之所以散漫冗長、成效不彰，就在於人數眾多，導致目標意識低落的人太多所致。這點跟私人聚餐也一樣。東聊西扯或許自有其樂趣所在，但不知為何，我覺得參加這種聚餐本身很沒意義。

就算我當場想向其他參加者提問或商量事情，也會因為人太多而無法如願。我覺得這種聚會是打聽其他業界狀況的好機會，也是能好好思考新合作的契機，所以很希望是能深入交流的場合。

除非不得已，**我一般會竭力避免參加七人以上的會議或聚餐**。

麥可・曼金斯（Michael Mankins）在其著作《時機、天分與能力》（*Time, Talent, Energy*）中寫道：「會議人數一旦超過七人，每增加一人，做出優質判斷的可能性就會下降一〇％。」

考量到會議桌和餐廳的餐桌，一般多以六人為限。這樣就算是坐在對角邊席的人，應該也能聽到彼此的聲音並交談。不過，假如是能容納七人以上的大餐桌就有困難了。由於坐在對角的人距離被拉遠了，參與感自然很低。

POINT

人數眾多的會議，多半很沒效率。

13

成功人士不計畫，行動就是他們的計畫

和日本企業進行交易的海外人士，常常認為日本人對ＰＤＣＡ過於吹毛求疵，在制定出完善計畫之前，絕不行動。

所謂ＰＤＣＡ即為計畫（Plan）、執行（Do）、檢核（Check）、行動（Action），這是管理工作的必要工具。然而很多時候，ＰＤＣＡ令人詬病的地方在於收集資訊、模擬情境、建立計畫和評估風險時，往往考慮過多。過度追求成果，直到制定出完美的計畫之前，老是東想西想，最終還是毫無作為。又或者你想以自己至今的經驗來判斷，但若是面對毫無前例可循的事情，便很容易不安。

收集資訊時，過去的數據或某人的成功事例確實有其參考價值，但在變化快速的現今時代下，不論你的計畫有多完善，只要這項計畫是建立在過去的基礎上，一旦情況生變，就極有可能無法順利執行，因此，執行力高的人不會在計畫上過於吹毛求疵。

說到底，人生本來就不會按照計畫實行，你不妨換個方式想：「比起計畫，人生更是一連串巧合的積累。」

我高一時因為一起鬥毆事件，遭到停學處分後，開始對念書一事有了自覺。差一點要被退學的處境，喚醒我心中的不安，擔心自己這樣下去，人生沒有未來可言。這是我對於「成功人士究竟都過著什麼樣的人生？」感興趣的契機。

我在書店偶然發現《人生與經營》這本書，是京瓷創辦人稻盛和夫的著作。一讀之後我才知道，原來成功者不是生來就是成功的，而是要超越逆境才得以有所成就，這點大幅改變了我對人生的看法。

與人相遇也一樣，絕對不是什麼能預先計畫的事。你有可能只是接受朋友邀請而參加了酒局，結果坐在旁邊的人後來成了你的終生伴侶；或者出外度假期間和在餐廳認識的人一拍即合，並一起展開了新事業，這些都有可能發生。

請回顧一下自己一路走來的人生，你會發現比起預先規畫，人生中的絕大多數都是由偶然交織而成，不是嗎？

行動派的人都認定行動（D）本身就是計畫（P）。

POINT

行動派的人都認定，行動（D）本身就是計畫（P）。

第　三　章

應酬、裝懂、說大話，都拖累你的效率

為了完成自己無法獨力辦到的事，你該做的不是依附他人，而是改變自己與他人的互動方式。

1 好主管只做兩件事：提醒與確認

第一章有提到，我們越是努力想改變無法改變的事物，只會讓自己身心耗損。既然無法改變他人，也就沒必要對他人抱持太多期待。我認為對他人抱持過度期待，非常損害心理健康。

高效率的人，會乾脆放棄對他人的期待，他們不會有「該拿對方怎麼辦」，或是「如何讓人照我的意思做」的思考方式。

每個人都是獨立且自由的。一旦對他人有所期待，等於把你自己的心，寄託在你無法掌控的事物上。而當他人沒有按照你的意思行動時，你會自顧自的感到受傷、憤怒，被他人牽著鼻子走。

我知道自己很懶散，所以平日也都是以「旁人也一樣懶散」的想法來待人接物。能省事就省事，我完全不認為這是一件壞事，畢竟之所以會有便利的商品或服務，源於人們的惰性、討厭麻煩，以及想要輕鬆得到任何事物的欲求。

因此，當你將某事交付給某人時，要時不時提醒一下（再次確認）。當你跟對方說：「做好了給我唷。」然後一直等待對方回覆，結果對方一點進展也沒有的時候，你難免會生氣。這時最有效的做法，就是溝通。

不要對人有所期待，只要專注於自己做得到的事情，能應對的方法多得是。

我最近經常聽到企業人士說：「現在的年輕人不懂的地方都不會說不懂。」但這也不代表你能指望對方因你一句：「有問題儘管問我喔。」就能對你提出疑問。

當你要求別人做某件事時，你要先決定好：「如果行不通就改成○○。」、「如果明天沒收到聯絡，我會打電話。」對方或許也有各種工作在身，你就算再焦慮也只是讓自己內傷。

你一旦放掉對他人的期待，就能做好思想上的準備並快速進入狀況，這時即便遇上突發事件，也不會因此手忙腳亂。

POINT

不期待他人，自己就能做好準備。

2 道理打動不了人，情感才可以

會馬上行動的人，很擅長帶動旁人一起投入，他們很會打動人心，並懂得如何讓他人為自己做事。

正因為單打獨鬥能辦到的事情很有限，所以拉人一起參與，便能夠去挑戰大型任務。他們非常清楚，光靠道理打動不了人，所以不會標榜自己講的話多有理。如果想要讓他人為自己做事，你就不能只會說大話。

人是情感動物，在理性與感性間搖擺不定時，大多會是情感勝出。很多時候，你知道這件事沒錯，但情感上就是不能接受。人不是機械，未必總是能做出理性的判斷。

「為什麼做出這種事！不管是誰，都會覺得你瘋了！」你有過被主管這樣罵過嗎？你知道從邏輯上來看主管是對的，但內心完全無法接受，「主管根本不在乎我的感受，我說的話他連聽都不聽。」反而還讓你很抗拒。

我過去也曾強迫旁人接受我自認為正確的事情，然而，就算我學習到的知識比別人多好幾倍，但一味的堅持自己才是對的，強要他人順從，便無法拉攏人心。

即便是我自己，也不是所有的行動都按照邏輯。回到家後想著要念書，卻因為白天遇上討厭的事情而沒心情讀，明明知道必須去做事，偏偏今天完全不想動……這些經驗我都有過。當我反思自己的所作所為，就明白為什麼光靠說理打動不了人心了。

若想打動人，重要的是傾聽對方的意見。

傾聽有助於建立彼此的信賴，如果雙方沒有足夠的信任，就不能指望對方聽你的話，所以，先要由你去探詢對方的意見，然後仔細聆聽對方的心聲。

先誠懇的問：「最近還好嗎？」藉此逐步增加交流機會，不要用咄咄逼人的態度，而是溫和的表達：「我正在想這方面的問題，你怎麼看？」這麼一來，就可以讓對方思考並採取對策。

依照邏輯思考所得到的正確答案，未必等於情感上的，也不一定是對方能夠接受的。

關鍵在，當你越是感到「那傢伙為什麼就是不懂？」時，越該屏除心中的道理，好好理解對方的心情。

POINT

理解對方的情感需求。

3 不知道的事，就說不知道

高效率的人不賣弄聰明。

例如，愛裝懂的人被問說：「你知道〇〇嗎？」時，即便不知道也會回答：「啊！當然知道囉，我很清楚呢！」然後再偷偷上網查。行動派反而會當場坦白：「那是什麼？我知道的還不夠多……。」如果不知道卻硬要接話，一旦話題越深入，你就越難跟上。

當工作出現這種騎虎難下的狀況，你會因為不曉得該怎麼辦而下不了決斷，當然也沒辦法有所行動。不僅如此，即便你想之後再查，但大都不了了之。其實只要當場表示不清楚，就能讓自己有學習新知的機會，但通常都因為假裝聰明而錯失大好良機。

說是這麼說，但我以前也會賣弄聰明。當時周遭的人都知道我從劍橋大學畢業，覺得我很聰明，而我也努力扮演這種角色，以至於那時的我就算聽不懂也不敢坦白說不知道。這讓我只能說些應付場面的話，提不出具體意見，任由學習新知的機會從手中溜走。儘管想著事後要查一下，也會因為每天被事情追著跑而忘記。

你在工作上應該也碰過，主管或客戶給的要求或指示不完整、含糊不清，讓你難以理解。這時若不當場詢問，之後就只能自己邊哀嘆邊苦惱。若你不明白該做什麼，就更容易拖著不做，這樣對你一點好處也沒有。

在腦中浮現問題或疑惑，明明直接跟對方說就好了，我卻偏偏開不了口。明明只要說出來，我就能跟對方有更深入的探討，但當時的我白白斷送了這種機會。我深深為過去的所作所為感到惋惜。

從那時起，我就將以下四點牢記於心：

1. 不知道的事情就說不知道。
2. 有任何問題或疑惑就當場馬上解決。

3. 不再不懂裝懂。
4. 絕不要之後再說。

為了讓工作有所進展，也為了讓自己更加成長，我想當場解決問題。

POINT

不用因為不知道而感到羞恥。

4 過度解讀人心，會綁住自己

「沒有事實，只有解釋。」這是尼采的名言。

想深入了解他人內心的想法，很可能就是我們做起事來綁手綁腳的原因之一。

「我慎重的寫了一封信，結果對方只回我短短一行。」、「感覺最近社群網站上沒什麼人給我按讚……。」任誰都希望被他人喜歡，所以我們每天周旋在各種人際關係中，不知不覺間在意起別人對自己有什麼看法。

特別是近來人們往往在現實與網路間交替互動，使溝通方式更加複雜。只要用LINE或其他社交平臺，就算不用親自跟朋友或同事見面，也能交際往來，人們反而要耗費更多時間與人交際。

行動派認為人心叵測，在自己能力範圍內竭盡所能就好，他們很清楚，這是唯一件自己能掌控的事情。

工作也一樣。例如你研發了一項自認為一定能賣翻天的新產品，不料上市後卻完全得不到消費者青睞，而讓你非常洩氣。畢竟你無從得知別人心裡到底在想什麼，但請別誤會，我不是要你澈底漠視他人的想法。

如果你心中有設好與人交往的界線時，就不要試圖深入探究對方的內心，而是要嘗試優先採取行動，再根據對方的反應來修正處理方向。

我有過以下經驗，雖然有些人好一陣子沒在我的社群平臺上按讚，但實際見面時卻以我的貼文開啟話題：「你之前發生了那樣的事對吧？」或是給予評價：「哇，那實在太厲害了！」當你任意想像自己在他人心目中的形象時，卻因為內心不安而老往壞處想的話，你自己也會失去對他人的好感。

越是對自己沒自信的人，越容易做出非友即敵的極端區分，這就是過度解讀他人內心所招致的悲劇。

「或許對方是因為……。」、「突然有急事。」、「身體狀況不太好。」、「遇上不好的事情。」、「對社交平臺膩了。」你只要專注於自己能掌控的事情就好，不要太在意別人，也不要過度解讀他人的想法，因為你終究無法控制他人。

POINT

不過度解讀他人思想，畢竟我們無法真正了解別人的狀況。

5 聽來的事不一定對，你得親眼判斷

千萬不要以為媒體刊載的資訊都是對的，網路上流竄的就更不用說了，就連電視、報紙或週刊雜誌也一樣，但還是有很多假消息經常被當成事實報導。

我在高一時首次意識到這一點。第二章提到，我曾因為某起鬥毆事件，而被罰停學處分，那其實是一起大事件，造成約五十多人被送往醫院。

我也因此住院，但在病房裡看到電視報導，讓我非常錯愕。照電視上的說法，好像是我埋伏在對方身邊，精心設計了這場鬥毆，但事實完全不是，那是一場令我猝不及防的鬥毆事件。我對報導怒不可遏，報導說得彷彿我就是那種平常就愛欺負人的傢伙。

隔天的早報也刊登了這則新聞，但同樣有違真相，看到早報的人一定會覺得我

人品極其惡劣吧。雖然當時心中悲憤交加，但我敢說，在那時能夠發現「媒體報導不一定可信」這一點，的確對我帶來很大的幫助。

我們每天都會接觸到大量訊息，但一定要記住，這些訊息充其量是某人篩選而成的資訊罷了。

我們常聽到別人說：「那傢伙就是這種人喔，他以前做過不太好的事。」如果我接受了這個奇怪的偏見，我就會用這種眼光去看待對方，所以我都只會回：「哦，是這樣嗎？」把那些耳語權充參考。

我會在與那個人實際見過面後再下判斷。見到面後可以充分了解對方的為人，如果覺得不好就此停止往來；如果覺得可以就繼續保持聯絡。

人越出名，越招人忌。縱使你不多加理會，惡意訊息也會擅自流竄。藝人或運動選手外遇或藥物上癮的新聞就是最好的例子。當然，如果是有根據的事實還能相信，但我認為光憑資訊來判斷他人，一不小心也會毀了自己。

社交平臺上，可以看到非常多人輕信藝人或運動選手的負面報導，進而口出惡言或越線騷擾，但這種人其實是不懂得如何看待訊息。

我不認為單憑訊息就能判斷一個人。為了知道對方是什麼樣的人，你應該相信自己的直覺。總之先跟對方見個面，是你首要採取的行動。

切忌，不要過度相信外在資訊。

POINT

親自見面，相信自己的感覺。

6 有人說你很難相處嗎？無妨

行動力強的人，從不參加工作上的酒局。

不停抱怨公司、滿腹牢騷說不完的應酬；為了討好主管的酒會；只能聽人講些無關緊要的話題，或者自我吹噓的飯局……各位應該多少都參加過這種聚會吧。

參加公事上的聚會，只會剝奪寶貴的私人時間。

就我來說，我就不會參加充滿抱怨或吹捧的聚會，而不曉得有誰會出席的派對基本上也敬謝不敏。明明無聊得要死卻還要假裝樂在其中，最後只會換來滿身壓力而已。

不過比起飯局，避免和滿口抱怨、愛嚼舌根的人往來才是上上之策，和這種人在一起不僅沒有任何收穫，更是浪費時間。

如果只是想跟某人聊完就走，不妨事先告知主辦方：「我之後還有工作要做，所以會中途離席，懇請見諒。」

若有事先告知，應該不至於無法脫身，說不定對方還會比你更注意時間：「啊，你差不多要走了對吧？」如果是在途中才覺得：「有夠無聊，好想回家。」這時想脫身就不容易了。「我家小孩發燒了……。」、「我身體有點不太舒服。」你恐怕就得故意找個藉口。

假如你是想在第一次聚會結束後就回家，卻總是被現場氣氛拖著走而留到好幾攤後才走的人，更應該事先為自己界定好時間。

你完全沒必要因為拒絕工作上的應酬而不安或內疚，只要平日有做好應該完成的工作，好好為公司效力的話，抬頭挺胸大方說不即可。

假如有人因此說你很難相處，也不用放在心上。

完全不用刻意去迎合那種，只憑「參加酒局與否」來評論你的人。

POINT

一概無視那些說你「不好相處」的人。

第　四　章

習慣造就了我們，請培養這些習慣

習慣，如同我們人生的根基，所以千萬別低估它的力量，馬上去做的力量來源就在於此。

1 生活規律，錢就會自己流進來

行動派的人非常清楚身體即為資本。

身體狀況不好、腦袋卡住，都會連帶降低你做事的動力，所以不要熬夜，要維持規律睡眠。如果沒睡好覺，身體就會變沉重，事情也會因此被拖延。

第二章有提到，早上起床後的兩至三小時，是大腦的黃金時間。大腦在你入睡期間會進行整理，清醒時就會如同重新收拾好的操場一樣乾淨，一旦熬夜，就會讓大腦以混亂的狀態迎接新的一天。

行動能力強的人很注重掌握自己，所以他們都會有規律的生活節奏。

當大腦不靈光的時候，若硬逼自己做事，只會徒增無謂的壓力，降低自我效能（Self-efficacy），使幹勁猛然下滑。簡單來說，自我效能就是能夠掌控自己所處的狀況和情感的感受，一旦感受低落時，便會連帶失去動力。另一方面，人一旦失去能自我控制的感覺，也會因此失去自信心、消極被動。

雖然我以前做什麼都不拿手，每天過著毫無規律的生活，從小學開始就很沒自信、態度又消極，不料卻在高三時，我為了考上大學而下定決心認真念書，並決意晚上十二點睡覺，早上六點起床。當我按照自己的時間來起床與就寢，心境上也從「什麼都做不好」轉變成「敢嘗試就能辦到」，這點也幫助我建立起更積極學習的態度。

英國小說家阿諾・班奈特（Arnold Bennett）[5]說過這句話：「早晨一睜眼，很神奇的，煥然一新的二十四小時，滿滿塞進了你的錢包。」

熬夜，很可能讓睡眠效果隨之減半。

會在早上通勤時睡著的人，代表睡眠不足，使大腦處於持續性的疲勞狀態，如此一來便無法充分發揮自己的腦力。夜間充分睡眠，是妥善規畫隔天早晨的第一步。以好心情迎接晨光，便能以高度士氣面對接下來的一整天。

反之，若睡意揮之不去、拿不出絲毫幹勁，無法一早就上緊發條的話，就不容易提振心情。

為了整頓好大腦狀態、好好發揮自身潛能，就從戒斷熬夜開始吧。

POINT

精準規律的生活，能提高自我效能。

5 阿諾．班奈特，英國作家（一八六七～一九三一年）。文學代表作為《老婦的故事》（*The Old Wives' Tale*）。

2 入睡前兩小時不喝酒

高效率行動的人非常看重睡眠品質，因為當人睡了一個好覺後，隔天早上身心都能獲得充足的能量，而睡眠品質不好時，一早便會感到身體沉重、大腦混沌，使人毫無做事的動力。

有幾個訣竅可以幫助你擁有高品質睡眠，由於睡眠屬於一種生理現象，所以需要先控制生理反應，而其中要注意酒精攝取量。

最好不要在睡前飲酒，因為酒精可能會讓心跳速度變快，使呼吸困難，也會讓人半夜頻尿，引發脫水症。入睡期間本來就容易流失水分，所以睡前必須先補充一些，但飲酒只會更進一步消耗體內水分，成為感冒、身體不適的元凶。

睡前喝酒會導致淺眠，就算睡了很久也會感到渾身沉重，所以至少在入睡的兩小時前就不要喝酒。晚上十一點就寢的人，晚上九點後就不能碰酒。

吃飯也一樣。

睡前還吃東西的話，體內會因為忙著消化，而讓大腦和身體都難以休息，結論就是不管睡了多久，都沒能消除疲勞，所以我再忙，一定會在晚上八點前結束用餐。如果之後又餓了，會盡量只吃蔬菜。漸漸養成習慣後，就算只吃一點東西也不容易肚子餓。不過，萬萬不可將拉麵當作消夜（雖然我覺得偶爾以舒壓為由來一碗也不錯……）。

我想有很多人因為工作忙，往往到了很晚才吃飯，但請務必留意用餐時間。你吃完早餐或午餐因為還有時間活動，對身體的負荷較小，但晚餐過後就是睡眠時間，所以對身體的負擔較大，要多留意。

若想讓夜晚睡得香甜，傍晚過後也不要攝取太多咖啡因。

為了早上能夠精神抖擻的醒來，請盡量不要給身體造成負擔。首先，就先收起不知不覺伸向酒杯的手吧。

POINT

不給身體添加負擔，就能一覺好眠。

3 午餐不吃太多白飯

我非常喜歡拉麵，加上京都就是關西首屈一指的拉麵激戰區，我也曾為了品嘗拉麵而到處尋訪。

不過，我從來不會在中午時間吃拉麵，這倒不是因為午餐時段拉麵店人太多的關係。

相信很多人都有這種經驗，午餐後想繼續工作，腦子卻開始放空、無法集中精神，不僅如此，還要跟濃濃的睡意交戰，光是要在開會時挺直腰桿就很費力了。

為什麼我們午餐後會犯睏？其原因就在碳水化合物。

碳水化合物是給予大腦和身體能量的重要來源，但怎麼吃很重要。若用餐時大量攝取碳水化合物，會導致血糖上升。另外，沒吃早餐，之後吃午餐血糖值也會快速飆高。

米飯、麵包和麵食都是碳水化合物，食用後會讓血糖值上升。當血糖值上升時，雖然補充了能量，但胰臟隨後會大量分泌胰島素，導致血糖值急速下降，陷入低血糖狀態，因而睡意纏身。所以立即行動的人中午不吃拉麵，也會避免吃過多的米飯和麵包。

在這個時代，你隨時都能在超商買到拉麵、烏龍麵、咖哩、牛丼等餐點，一不留神就會吃進過量的碳水化合物。如果對此毫無自覺，午後就會開始腦袋放空、工作毫無進展。

因此，我平常中午到外面用餐時，都會提前請店家幫忙減少飯量。

碳水化合物會誘發睡意，這是人類無法違逆的生理現象。確切掌握自身狀態和心情，才是行動派應有的作風。

還有，開車前也要留意不要過量攝取碳水化合物。

POINT

為了下午工作能順利，
午餐要避免過量攝取碳水化合物。

4 我不做年末大掃除，我直接丟

我都會定期清出一些可以扔掉的物品，如此一來，就能省下許多打掃和整理的時間。

你總想著「或許有一天會用到」而不斷囤積物品，結果只會越積越多，讓你得花更多時間去找要用的物品；另一方面，當你擁有的東西少，就能花很少時間跟力氣尋找，不只輕鬆，也能提高行動效率。

「令我們富足的不是我們擁有什麼，而是享受什麼。」這是古希臘哲學家伊比鳩魯的名言。舉例來說，你的衣服不是因為想穿而穿，而是因為有什麼穿什麼；你使用的不是真正必要的物品，而是因為手邊有就湊合著用；書架上的書，也是因為覺得有一天會讀而堆積如山。

我以前總是捨不得丟東西，家裡堆滿物品。隨著這些物品不斷增加，整理起來也更花時間。

我最討厭年末大掃除，那非常耗時費力，當我反省為什麼會這麼累時，終於發現是因為自己的東西太多，後來我轉念一想：「打造出一開始就不用打掃或整理的環境不就好了？」

雖然我很想保留劍橋大學時期用過的教科書和資料，但事實上我幾乎不曾再拿起來看過，當我意識自己只是抓著過去不放後，我就很爽快的全丟掉了。

我捨棄東西有兩個標準。

首先，如果是有情感或回憶的物品，我會假想萬一家裡失火，這些東西通通被燒掉時，我會有什麼感受。如果我覺得無所謂，我就會扔掉，就算是朋友送的禮物也一樣。

其次，上述之外的東西，我會想是否願意再多花一次錢購買，例如衣服、包包等。除了我樂意再度掏錢的物品會保留下來以外，其他的我就會丟掉。

當你減少物品讓身邊變得更簡單時，腦中思路也會更加簡潔，且整理物品也有助於釐清思緒。

POINT

定期捨棄物品，有助於整頓思路。

5 我買三個包，每天輪替用

行動力高的人，不會每天都背同一個包包。為什麼？因為每天更換包包，有助於最大限度的減少隨身攜帶物品。

我一回到家，就會把當天裝進包包的東西全部拿出來，接著挑選隔天工作的必需品，如此也能順勢扔掉不需要的物品。

如果你一直用同一個包包又不整理，不知不覺間東西只會越塞越多，像是用完的文件、幾天前的報紙、超商的塑膠袋……都有可能因此深埋在包包裡，這會讓你無法迅速拿出必要物品。

若不整理用過的物品，也會讓大腦處於紊亂的狀態。當你無法掌握包包內有什麼東西時，你就會焦慮。

行動派的人都崇尚極簡主義，意指以最小限度的必需品，過著不浪費的舒暢生活，這種人只會把真正要用的東西放入包包。例如，不確定明天要不要帶的文件，先用手機拍下來備用，必要時就能派上用場。

只將必要物品放入包包內，便能審視隔日要完成的事情，也能順便為明天的工作預做準備。大致想像一整天的情況，什麼東西要用在什麼地方，就能明白哪些物品是不需要的。

若早上總是匆匆忙忙拿同一個包包衝出門，之後才發現忘了帶某項必要文件時，那就太遲了。

相信只要試過一次，你一定會發現，需要放進包包的物品意外的少。像我只需要帶筆電、錢包、鑰匙、書、筆記本與筆袋。除此之外，只要額外攜帶當天必要的文件原稿就夠了。

找東西不只花時間，也很費神，說得誇張一點，光是擁有物品本身，就會剝奪你的時間和精力，所以，只要每天替換包包，你自然能駕輕就熟的管理物品。

我平常會有三個包包輪替，每天替換時也會一併整理攜帶物品。

你多久整理一次包包裡的東西？如果每天都背同一個，那就危險嘍。

POINT

一回到家，就清空包包內的物品。

6 除非必要，不打開手機的通知提醒

手機帶來許多便利，能輕鬆確認工作上的郵件、LINE 以及社交平臺等內容，也是打發時間的最棒隨身品。然而，手機同時也是一個強大的時間小偷。

正當你覺得可以好好專心工作的時候，就收到手機應用程式「○○新增了一則貼文」等訊息通知。這樣一來，你很容易忍不住而點開手機查看。當你瀏覽了和工作無關的社交平臺，看到某人看似愉快的貼文時，最後可能就去留言了。

新聞應用程式傳送的快訊或最新消息推播也一樣。只要一點開應用程式，就有琳琅滿目的訊息，面對這些無止境的內容，一旦看下去就沒完沒了。等你回過神時，已經過了一段時間，工作卻毫無進展，只好自責：「我又來了……。」手機儘管便利，卻是一把雙面刃。正因為它方便，所以常會妨礙你做事，因此行動派的人

會關閉手機的提醒通知。

LINE 對我來說是工作上常用的聯絡手段，只有必須保持聯絡的對象，我才會開提醒通知，其餘的則關閉。當然，一些莫名其妙的 LINE 群組也一律關提醒。

專注狀態下被打擾是很嚴重的問題。據說注意力被打斷後，要讓大腦再次專注，至少要花十五分鐘以上。為此，當我在寫文章、企劃書或製作簡報時，電話一定設成靜音，並且放在看不見的地方。畢竟電話一響，任誰都會被打擾，而難以專心。行動派的人都很嚴格看待自己的時間，總是掌握著主導權。因為當你被手機應用程式的通知牽著鼻子走時，所有本來該做的事情、想完成的事情通通做不到了。

你想變成任由手機擺布的人，還是擅長利用手機的人？在現今，這個選擇足以成為行動派與空想派之間的巨大分水嶺。

POINT

不要被手機牽著鼻子走。

7 學學巴黎人，不按電梯的關門鍵

前陣子我因為工作而有機會造訪巴黎，且讓我驚訝的是，巴黎的飯店電梯居然沒有關門鍵。

那時正好只有我一個人搭電梯，所以想趕快關門、回到房間，正打算伸手按關門時，才發現樓層面板上只有開門鍵。

一瞬間，「真是的，我到底在急什麼啊，也太沒耐心了吧！」慚愧的情緒油然而生。

很多人常因為工作關係而被時間追著跑，假如辦公大樓電梯沒有關門鍵，想必不論是你或旁人都會很不耐煩，然而為了能不能早個兩、三秒關門而神經緊張的模樣，看起來一點也不從容。

馬上去做固然很重要，但這跟不耐煩是兩碼子事。不如說，趁著還有從容的時間或假日時，悠閒豁達的享受生活，反而更有助於你蓄積立即行動的能量。

即刻做事充其量只是一種手段，並不代表目的。為了穩健推動「想要做、應該做、能夠做」的事情，才有必要立刻行動。

最理想的情況是，當你做完該做的事後，其餘時間都能用於充實自己。要想達到這種理想情況，其中一個方法，就是清楚區分什麼時候該急、什麼時候要緩。

不曉得各位是否偶爾能放鬆的享受悠閒時光？

如果不能保有這種時間，總是覺得自己被追著跑的話，你的心就可能會在意想不到的時刻斷電。如同在水中游泳卻不換氣一樣，如此一來，就很難在關鍵時刻發揮能力。

當你想伸手去按關門鍵時，不妨先停下來吧。因為從容的時間，才能為你的心靈帶來活力、豐富你的人生。

POINT

悠閒放鬆的時間也很重要。

第五章

我該學什麼？學能馬上解決問題的事

無論你增加多少知識，若不懂得活用也是白忙一場。

1 不讀死書，要實踐

外國友人常常對我說：「日本人雖然很擅長念書（Study），卻不擅長學習（Learn）。」確實，我也覺得把一堆知識囫圇吞棗、塞入腦中，卻無法運用，根本毫無意義。

念書，就是坐在書桌前，翻開書本邊背邊學，只是單方面往腦中塞入知識；學習，則是將輸入腦中的知識，藉由輸出來轉化成能力，重點在於實踐知識。

例如，有很多人多益（TOEIC）考很高分，卻完全無法應用在職場上。曾經有位在口譯培訓學校工作的人跟我說：「很多人英文很好，卻對商務知識一竅不通，且大都沒有應用能力。」如果想當商務口譯，除了必須具備一定程度的英文水準外，也要清楚商務相關事宜，然而，很多人只曉得提升英語能力，卻欠缺增加商務實用技能。

很抱歉一直拿英文來舉例，不過我到大學授課時，也對這個問題深有感觸。每當我說：「試著用英文來做簡報、討論看看吧！」學生就顯得綁手綁腳，原因就在於他們沒有把知識轉化成能力。就好比你在工具箱內放了很多工具，卻不明白如何使用一樣。

我和在海外工作的日本人交流時，英文能力若以一百分來看，他們的能力頂多八十分，即便如此，他們在職場上卻能應對自如，因為他們十分清楚，比起滿分的英語能力，商務技能更加重要。

這點在工作上也一樣。

現今這個時代，你可以隨時利用 YouTube 等平臺來學會很多東西。雖然很方便，但倘若只顧著吸收新知，還是無法讓你能實際應用。學過的東西要馬上實踐，並且驗證有用無用，再去思考怎麼調整會更好，如此才能讓學習有所成效。

你需要的是能實際應用的技能，且要不斷反覆摸索才能融會貫通，這些都不是坐在書桌前、死盯著書本就能學會的東西。因此效率高的人只做恰到好處的輸入，他們更看重實踐知識、精益求精，將之轉變成運用自如的技能。

POINT

比起學習知識，更應重視如何應用。

2 網路消息不可靠，你需用雙眼見證

現在只要一滑手機，任何人都能輕易且免費獲取全世界的各種資訊，不免讓人覺得這些資訊沒什麼價值。

書本和報紙也一樣，浮出表面的資訊只是冰山一角，難以得到的資訊才能創造價值，而行動派雖然會從網路吸收資訊，但更看重靠自己的雙腳所蒐集到的經驗。

那些大量流竄於市的資訊，說到底只是經由某人所過濾而成的，而立刻行動的人會質疑訊息內容是否有偏頗之處，他們通常只將市面上的訊息當作參考資料，之後再親臨現場用自己的眼睛確認實際情況。

我之前曾到韓國出差，那時日韓關係正好陷入冰點，兩國之間大小爭執不斷，一時之間各種倡言到韓國很危險的報導不絕於耳。不過，當我抵達首爾時，完全沒

有感受到劍拔弩張的氣氛。

韓國的超商店員，即便知道我是日本人，也面帶笑容和我搭話；當我迷路時，路過的大叔還比手畫腳告訴我怎麼走。

我在商務場合上也有一些感悟，那就是當我出席業界頂尖人物聚集的飯局或會面等場合時，所談到的話題盡是些不曾出現在書本、報紙，甚至網路上的事。置身現場聆聽真實意見，就能蒐集到更深層的資訊。

我們所看見的世間只是冰山一角，然而有許多事唯有親身體驗才能領會。像我和業界以外的人交流資訊，往往都能得到啟發。若想更深入了解企業如何運作，你就必須和不同業界人士多多交流。

我希望你牢牢記住，網路上的新聞往往會優先顯示最符合你胃口的個人化資訊，而這些內容過於偏頗，以至於令人難以從客觀的角度來看待事物。

透過網路蒐集資料也很重要，但你很難得知這些資訊是否正確，所以平常也要多多留意外部情況，實際走出去察看。以自己的五感去觀看、聆聽、嗅聞、品嘗和觸摸來蒐集資訊，就是高效率的人會採取的行為。

正因為我們活在資訊氾濫的社會，所以更需要自己親眼證實，不要僅僅滿足於網路上所能找到的訊息。

POINT

運用自己的五感，親自確認。

3 書不用從頭讀到尾

立刻行動的人不會把書、尤其是商業類的書從頭讀到尾。原因在於，**這種書大多有個特色：用一句話來吸引人閱讀**。

讀書的目的不在於得到滿足感或成就感，而是藉由閱讀得到足以啟發自己有所作為的靈感。這種閱讀不需要讀完，即便跳著讀，也能從中找到自己一直在追尋的答案，快速翻閱也無所謂。

你為什麼會拿起現在正在看的書？

假設你是在書本多如繁星的書店中挑了這一本，你必定是基於某種原因才挑選的，「我沒辦法跟客人聊下去。」、「部屬不按照我的意思做事。」、「死命去背也會馬上忘記。」難道不是因為遇上某些難題，為了想找到解方才翻閱的嗎？

只不過在閱讀過程中，很多人不知不覺就想把整本讀完，但這樣並不能為自己懸而不決的難題找到答案。

然而，不論一本書中集結了多少知識，你讀完後不付諸行動也沒有用。沒有行動就不能創造成果，這是高效行動的人都懂得的竅門。而重讀一次已知內容，對你沒有其他幫助，因為你沒辦法得到新收穫。遇上能讓你感嘆「啊，這就是我欠缺的」，或「我還沒試過這個方法」的內容對你才有意義。

你能透過閱讀發現新的價值觀，然後思考要採取什麼行動，為了這個核心理念，你實在沒必要將一本書從頭讀到尾。

只要一句話，也許就能讓你的人生因此翻轉。

商業書一本差不多一千五百日圓上下，貴一點也頂多兩千日圓左右。如果你僅用一千五百日圓就能改變人生的話，不覺得非常划算嗎？

閱讀商業書的樂趣，在於你說不定能立即改變現狀，所以大膽拋開「一定要全部讀完」的成見吧。

POINT

比起從頭讀到尾，更該付諸行動。

4 弄髒書，學習才有成效

基本上，若有想看的書我不會選擇電子書。雖然我會為了查找工作上的資料而利用電子書，但僅限於想看某一特定內容的時候。

我所謂想看的書，是指整本內容都讓我很在意，讓我覺得「能讓我更上一層樓吧」、「說不定會得到新領悟」的書。在閱讀時，我一定會手拿一枝筆，翻閱過程中，內心一有感觸就動手做記號。「喔，這點子不錯耶。我來試試看」、「原來還有這種思考方式」，一有這樣的念頭，我就把出現在腦中的想法或感受通通寫在書的空白處。

容我再次強調，如果你讀完一本書只覺得很滿足的話，等同於白讀。唯有將書中所學付諸行動，你與書的相遇才會產生價值，所以當我一有什麼發現，便會立刻寫下來。因而比起讀完書，我更想從中得到一個能給予我新作為的新點子。

我會邊讀邊模擬如果是自己會怎麼做，為了避免這些心得在腦中塞車，我會動手書寫來整理。

手上有很多神經，活動手部除了能刺激腦細胞，也有助於活化大腦。

二〇一四年，普林斯頓大學的帕姆．穆勒（Pam Mueller）和加州大學洛杉磯分校的丹尼爾．歐本海默（Daniel Oppenheimer）根據實驗結果，發現比起只用電腦記錄的學生，**動手寫筆記的學生在課業上的表現更加出類拔萃**。

在對學生進行心理實驗時，手寫筆記的學生在記憶、理解、活用資訊這三點上的得分明顯高出許多，畢竟手寫比打鍵盤更花時間，不可能把教授說的話全部記下來，因而必須集中精神、專心聆聽並消化，從授課中擷取出重點，邊聽邊思考，能讓大腦進入學習模式。

書本當然也是一種傳達資訊的手段，但我認為只閱讀實在太可惜了。紙本書既能作為一種娛樂，亦是一種能運用五感的學問，從一本書的重量、選用的紙張、封面的觸感，甚至書頁散發的味道，這些都是你無法從電子書體驗到的樂趣。

正因為書本有重量，光是放入包包中，便能讓你產生「既然帶出門了，就要好好讀」的念頭；沒有重量的電子書，很可能會發生「明明想讀點東西，注意力卻被其他應用程式拉走」的情形。

POINT

手寫筆記，能開啟大腦的學習功能。

5 紅筆提高行動力，藍筆增加專注力

行動派不會用黑筆。

我在做筆記或思考什麼的時候會用藍筆，因為**藍色有助於提高專注力**，對於彙整資訊、背誦來說很有效，也能幫助大腦整理寫下的筆記，讓人更容易記憶，而在進行單純作業時，也較容易維持注意力。

藍色在生理學上也具有刺激副交感神經的作用，有助於降低血壓、平緩脈搏，進而讓大腦達到放鬆狀態。

我會在想強調的地方用紅筆。它象徵著活力與熱情，有激發行動力的效果。像特賣會的海報或店內廣告等文案之所以大都用紅色，是因為在行銷業界都盛傳，**一旦加入紅色，銷售量會有二〇%上下的差異**，有助於刺激消費者購買商品。

根據英國杜倫大學的羅素．希爾（Russell Hill）和羅伯特．巴頓（Robert Barton）兩位教授的研究顯示，穿紅色衣服也能影響運動選手的表現。

他們研究拳擊、跆拳道等多項運動比賽的結論顯示，穿紅色制服會比穿其他顏色制服時發揮得更好，也就是說，紅色能為運動選手帶來活力。

只不過，若一味的用紅筆做筆記，除了刺眼也會帶來壓力，所以最好只用在特別想強調的地方，且過度使用紅色也會減少士氣。

我看書時絕對不會拿黑筆。

我會用藍筆在書中盡情寫下洞見或想法；紅筆則是特別用來寫下我想嘗試看看的事情，如此一來，之後只要快速翻翻書頁，就能馬上映入眼簾、輕鬆喚回記憶，而黑筆就很難達到這些效果。

依照目的區分筆的用途，可以提升讀書效果。想提高行動力時用紅筆；一邊整理想法一邊做筆記並彙整資訊時就用藍筆。若能善加利用代表行動力的紅色和專注力的藍色，就能透過視覺為我們帶來各種影響力。

POINT

依用途區分用筆，提高行動力時用紅色，
想要專注力時則用藍色。

第 六 章

當你決定不做什麼，就會知道你該做什麼

最後一章要來梳理出我們不該做的事。幫助你探究今後要面對什麼而活。你活在當下的積累，都能讓你迎接更豐足的人生。

1 不必執著初衷，視情況採取最佳對策

英國生物學家達爾文（Charles Darwin）說過這樣的話：「最終能生存下來的物種，既不是最強大、也不是最聰明，而是最能適應變化的物種。」縱然世人對此看法各執一詞，但「適者生存」的確是達爾文進化論的核心概念。

貫徹始終的生活態度聽起來很帥，但我覺得不盡然是好事。世界不停在變化，尤其現代受到各種價值觀的衝擊，執著於自我之道，可能會為自己帶來風險。

如果只死守一種想法，渾然不察這世界早已改變的話，你付出的努力到頭來可能只是白忙一場，所以立刻行動的人會時時捕捉變化，並改變行動方式。

你不需要貫徹初衷，只要你內心一覺得不對勁，那就順勢改變並修正軌道。

過去有一段時期，日本的各家公司都互相競逐為掀蓋式手機研發出更多、更好

的性能，結果就變成現在所說的「加拉巴哥化[6]」，其後隨著 iPhone 問世，進入智慧型手機獨領風騷的時代。這樣的時代下，若還去挑戰改良掀蓋式手機的性能，想必再努力也得不到任何市場回應，對吧？

電腦剛問世沒多久時，光是懂得盲打（打字時不用看鍵盤），就能備受眾人讚賞，然而現在呢？即便你為自己的盲打能力感到自豪，也沒有人會稱讚你。如今只懂得盲打，是不會受到他人青睞。

當你嘴上念著鐵杵磨成繡花針，卻無論如何都磨不成時，你就應該選擇脫離現況，關鍵就在於你如何擺脫「我好不容易才走到這一步」的想法。

一旦放棄，等同於自己到目前為止所付出的努力、時間與金錢都化為泡影，不願意前功盡棄，是人之本性，但若你被這種想法影響，遲遲不肯放手，拖越久越會招致重大損失，甚至被時代淘汰。

「雖然做到這種地步，但也只能認了。與其繼續耗著，不如把時間和精力挪作他用。」我認為立刻有所作為的人都很擅長設立停損點。

在人生百歲時代，考量到瞬息萬變的環境，以靈機應變作為自己的行事準則，才是最強的生存之道。在你與不同人物交流的過程中，會因為接觸到多樣的價值觀，從而讓自己的價值觀產生變化吧。

行動派都懂得一面判讀情況，一面考量最佳行動，且不執著於貫徹初衷。

POINT

你需要設立停損點。

6 加拉巴哥化，日本商業用語，意指在孤立的環境（日本）下，獨自進行「最適化」的過程中，喪失和外部（外國）的競爭能力，最終面臨淘汰的危險，日本的手機產業即為代表案例。

2 成功的人，都從模仿開始

當你從來沒做過某件事，代表你尚未有成功經驗，所以最快的方式，就是模仿成功的人。

立刻做的人會先向內行人請教，然後在實踐過程中判斷是否有可行性、證實及改善，他們不會堅持一定要照自己的方式進行。

無論是多優秀的運動選手、多偉大的藝術家，一開始都是模仿前人的所作所為，並在期間不斷改良，最終建立起自己的一套方法。在這個時代，沒有百分之百原創。

時至今日，人們依舊認為宮崎駿導演的吉卜力作品充滿了創造力，但事實上，他在已故高畑勳導演底下工作時，曾經有一段時期，澈底模仿高畑勳導演的思考方式、言行舉止、說話方式，甚至寫字風格。他表示這段經驗，為自己打下了成為導演的基礎。

第二章提過的前日本國家足球教練岡田武史也曾說過：「日本足球界確實在進步，不過，還留有一座尚未跨越的高牆，那就是具備主體性、能獨當一面的選手太少了。狀態良好時表現都很優秀，但只要出了小差錯，就無法起死回生，所以必須趁他們年少時給予充分的自由、學會獨立思考。」

岡田武史指的不是足球的技術問題，他強調獨立思考的重要性，也指出選手們欠缺自主性。他接著說：「其實只要在教導基本原則之餘給予自由即可。透過教導既有型式來建立判斷基準，然後給予空間，讓他們充分思考、打破框架。」

如今我到企業培訓時，很多主管都口徑一致的表示：「現在的年輕人就只做交辦下去的事情。就算要他們自己想辦法，也什麼事都做不成。」事實或許如此，但我認為，這是因為年輕人在學生時期都是接受填鴨式的知識性教育，沒有學過如何自己去思考，出社會後突然被主管要求要自己想辦法，他們當然什麼也做不到。

要人從零開始做毫無經驗的事，不可能會順利實行，所以我認為不如先模仿。

馬上做的人在挑戰新事物前，會先向有成功經驗的人尋求建議同時嘗試，然後一邊累積成功經驗後，再打破框架、創造出自己的風格。

行動派在建立個人風格之前，會先借用他人的創意來跨出第一步。

POINT

先借用他人的創意來跨出第一步，之後再打造自我風格。

3 下一步，再走別人沒走過的路

「唯有與眾不同才有價值。」這是行動力高的人的看法。他們會想方設法不跟他人做一樣的事情、在相同賽場（條件）上競爭。

在相同賽場上競爭會變成消耗戰，導致自己身心俱疲、表現越來越差，最終極有可能燃燒殆盡，再也不想和他人對抗。

我最初靠買賣賺取生活費，是在剛進入劍橋大學研究所的時候。

二〇〇七年入學時，適逢英鎊大幅升值，我因為缺錢而生活困頓。我為了全心全力投入學業，所以沒有打工。於是，我在英國挑選日本人可能會喜歡的服飾品，反覆操作低價買進高價賣出的網購水貨交易。由於當時有很多商品在海外深受歡迎，在日本卻不為人知，因此我越賺越多。不過好景不常，大企業開始進攻這個市場，加上網路商城開店、法人公司加入，一瞬間變成紅海市場。

我因為價格競爭所帶來的耗損感到洩氣，但以消費者的立場來說，相同的商品當然會想用更便宜的價錢入手。一旦站上相同競爭場地上，最後就是靠資金雄厚程度來決勝負了。

但是，有些小店即使與連鎖超市的廣告攻勢與低價商品競爭，也不會倒閉，例如開了很久的老蔬果店，我很好奇他們是如何堅持下來的。當我探究原因時，發現祕密就在於店家會和在地居民溝通交流。

當地居民表示：「與其去超市，不如去街角巷口的蔬果店買，還能順便跟阿姨聊個天再回家。」將談話時間和蔬菜水果一起提供給顧客，兩者相乘產生的價值讓顧客不會輕易離開，小店因此也不會倒閉。

自從我留意到這一點後，便時時提醒自己要創造出自己獨有的價值，具體來說，就是要自己率先採取動作，再展現出自己的強項。雖然你可能會很害怕展現自我，但正因為如此，你才能創造差異。

日本還是個追求一致性的社會，明明想做沒人做過的事，卻害怕成為他人眼中的異類，進而只遵循別人做過的事、走別人一路走過來的路，這樣就不會因為不一樣而恐慌。但倘若你就此滿足，那麼這世上多得是能取代你的人。

與眾不同，正是具備了不可替代性，才顯得有價值，當你有了不可替代性，別人就會請求你：「這件事非你不可，萬事拜託了。」

POINT

力求差異化，成為無可取代的存在。

4 不要成為一個專業的笨蛋

我以前和曾任職於谷歌（Google）日本法人社長的村上憲郎一起工作時，他曾提及，谷歌在招募人才時，重視的人格特質之一就是不為自己設限，這簡直就和我想的「行動派必備條件」完全一致。

「我的專長是○○。」、「我不擅長○○所以辦不到。」這樣看起來，可以說是自己在為自己設限，對吧？

當然，充分利用自己的強項固然重要，但若因此受到束縛，你便無法接受新挑戰，反而應該將來自不同領域的點子，與自己的專業做結合，藉此打造出你獨有的定位。

就拿食物來說，小時候明明很討厭吃青椒，結果長大後竟然覺得很好吃一樣，當我們累積了各種經驗後，也有可能某一天就突然喜歡上以前討厭的東西也說不定。換句話說，當你久違的嘗試了曾經棘手不已的事情時，說不定會出乎意料的順利，甚至上癮入迷。

立刻做的人也很擅長從不同的角度來看待同個問題。

日本教育往往只重視深入挖掘單一學問，而沒有教學生如何橫向串聯多門學問，這種坐井觀天的學習，無法擴展自己的知識與經驗。

不要讓自己成為觀點狹隘的專業笨蛋。

我只要一有感興趣的事情，都會盡可能的去嘗試。就如第二章提過的，我除了經營自己的公司 GL ACADEMIA 以外，也曾為史丹李和崔維斯・佩恩做過口譯，現在也參與經營女子足球撫子聯賽京都白兔ＳＣ（Bunnys Kyoto SC），甚至也為專業足球選手進行語言訓練課程。

雖然口譯不是我的專長，但我也因為有為世界級名人擔任口譯的經驗，所以能提供英語學習者一些本科之外的必要技能。如果我是只鑽研英語的英語教育專家，就沒辦法做到這一點了，再加上我有參與經營足球隊，增加了不少足球相關的人脈，讓我因而見識到培養信心有多重要。

當你跨越限制，便能看見多彩的事物，會讓你樂在其中。想做就去做，這跟你是誰、你會什麼一點關係也沒有，不是嗎？

POINT

只要是你想做的事情，就盡情去嘗試。

5 預先想好如何對抗欲望，不為難自己

馬上採取行動的人，會避免跟自己內心交戰。所謂跟自己內心交戰，是指你其實想做某事，心裡卻阻止自己行動，而讓自己難以下決斷。例如，你明明正在減肥，回家途中卻到超商買甜點；你為了考取資格證照而打算苦讀，卻怎麼樣也壓不下想看電視的欲望。

我說行動派的人不為難自己，是因為與自己起衝突容易耗損精神。

二〇一七年，卡爾頓學院的瑪利那．米亞斯卡亞（Marina Milyavskaya）教授和多倫多大學的麥可．因茲利奇（Michael Inzlicht）教授，以一百五十九名大學生為對象進行的研究中，證實了目標達成率與接觸誘惑物的次數成反比。

與誘惑物接觸次數少的人最容易達成目標，因為達成目標的意欲強烈，一開始

就會竭盡全力減少與誘惑物接觸的機會。另一方面，若是為了不被引誘，而實施自我管理（Self-Control），這個行為反而會導致行動力低落。

舉例來說，當你為了減肥而選擇不吃蛋糕時，等於是要自己壓抑「想吃」的本意。這種狀況下，你心中殘留的渴求感會使動力下滑。

為了避免失去幹勁，你其實不用刻意自我克制，只要讓自己知道什麼在引誘自己，並設法避開，便能大幅提高達成率。

假設你為了取得某種資格而邊工作邊念書，你買了參考書、訂下早上起床的時間，也制定了考前學習計畫，到此為止都很好，只不過還少了因應各種誘惑的應對方針。

如果公司同事約你去喝酒該怎麼辦？你必須為這種情況先想好對策，並非要你忍下想一起喝酒的心情，而是事先告知周遭人自己還沒考完試前不參加聚會。這樣一來，你就不必為了「喝一次就好，啊不行、我不能去」的心情而掙扎不已。如果是減肥的話，回家途中盡量避開有超商的路線，雖然很困難，但還是花點心思試試看吧。

不論你設定什麼樣的目標，必定會有障礙物阻礙你。最重要的是為自己打造一個不用刻意發揮自制力，也能持續發力的環境。

POINT

讓自己置身不用發揮自制力，也能持續的環境中。

6 過程才會驅使你行動，結果不會

只會想不會做的人，有一個共同點，就是只以利弊得失來判斷事物，而立刻行動派的人則否。

以利弊得失來判斷的人，在確信有好處之前不會有所作為。

以股票來說，就是不趁有成長勢頭的潛力股上漲前買進，非要等到上漲後才買，然而，成功的投資人會在股票上漲前就買入。

工作上，那種一開始就知道會成功的專案，不論做了多少個都沒多大意義，而遊走於成功邊緣的專案，正因為沒有把握做出成果，所以會在過程中反覆摸索、發揮本領，進而讓自己以及團隊成長。

行動派會率先嘗試自己覺得有趣的事物，因為他們相信即便不成功，也能從中學到經驗，為未來加分。

人總有失敗、羞愧、傷心難過的時候。

就算是肌力訓練，也是反覆破壞肌肉才能使之強壯，而當你失敗越多次，越容易打造出不輕易氣餒的強大心智。最初或許會不斷受挫，但只要持續有所作為，必能從中學到有助於成功的法則，磨練出敏銳的直覺。

人只要一計較利弊得失，就會因為擔心風險而舉步不前。世界上根本沒有只勝不敗的遊戲。

你不妨這樣想吧，當你開始計較得失的當下，就已經落後在某人後頭了。能讓你不計較好壞也要去完成的事情，你不覺得很有價值嗎？

POINT

當你開始計較得失的當下，就已經落於人後。

7 渴求被認同，挫折感會很重

想受到親人、主管或旁人認同、讚美乃人之常情。不過，一旦開始渴求他人的稱讚，就會因為錯誤的理由而行動。

你為了得到認同，開始在意他人的目光，比起你對自己的認可，你會更看重他人對你的想法，並以此決斷。

現在是社群網路的時代，人們會拍下自己一天當中最想讓人看的照片，並上傳到ＩＧ上，卻被按讚數所影響，而陷入「我要更努力」的漩渦中，你的所有言行都變成以博取他人的讚賞為前提。

這樣一來，你將不敢展現自己挫敗的一面，到最後你甚至會抗拒接受自己其實並不完美。

你會為了獲得他人認同而行動，卻不敢做出任何可能引來批評的作為，更甚者，你會停止去思索：「什麼才是我真正想做的？」只會拚命去採取所有能滿足自我認同的行為。

我以前就是這種人，因為渴望被認同，所以收到工作委託一律來者不拒，連負荷超載也在所不惜。即便心裡想：「做這個有什麼意義？」、「完全無法進入狀況……。」卻遠遠不敵想被他人認同的欲望，到最後身心俱疲，落入「我為什麼老是做這種事？不是還有其他更值得完成的事情嗎？」的自我厭惡感中。

現在的我認為人生只有一次，不會倒帶重來，所以會盡量拒絕那些不感興趣或沒有意義的工作，最後我發現，這麼做不論對自己或對方都有好處。就算面帶微笑接下自己不感興趣的工作，終究也會因為沒動力而讓品質大受影響。我認為只是為了完成工作而完成，對他人來說很失禮。

不要只是為了得到他人認同，就把外界對你的觀感當作自我判斷的標準，你應該遵循本心和信念而活，如此一來你終究能得到認可。

不要為了得到認同而扼殺自己的意願，以堅定的信念去做你想達成的事吧。

POINT

依循自己的信念而活，你自然能得到認同。

8 你的行事曆，要有一個人獨處的時間

拜手機和社群平臺所賜，我們可以隨時與任何人聯繫。

但是，你會不會開始覺得，不隨時跟人交流便感到不安、以為人際關係就是人生的一切，甚至在某一瞬間，內心突然有一股空虛感？

高中時的我，因為對自己毫無自信，而試圖藉由當混混來確保人際關係上的地位，即使覺得老是迎合周遭的人有哪裡不太對勁，卻仍對內心的不快感視而不見。我自以為找到了屬於自己的地方，直到被學校下達停學處分、不得不一個人在家反省後，我第一次有了好好面對自己的時間。

我思考了不少問題，「自己今後想要什麼樣的人生？」、「現在要怎樣才能實現？」以此為契機，我開始讀書。從書本中，可以得知各種不同的人生觀和思考方

式，這些都令我感到很新鮮，並且破除了自己既有的觀點，所以我迷上了閱讀。從此以後，我都會想辦法保留能獨自閱讀的時間。

我還和一群混混朋友玩在一起時，雖然會有意無意的去想像自己想要的未來、煩惱自己當時的處境，但從來沒機會去深入思考。如果只是任由周遭環境牽著自己走，就無法積極的活出自己的人生。

我認為相信自己的想法與感受、不在意旁人目光，你就能充滿自信的活著。

由於我當時讀的不是升學高中，所以幾乎沒有人到了一、二月還會為了準備大學入學考試[7]而讀書。眼看同學們都一一確定任職公司或取得入學資格，我雖然不安，卻相信自己辦得到而繼續埋頭苦讀，結果我順利考上大學了。

大學時期，當周圍的人開始考慮工作時，我覺得非常不對勁，「大家都一窩蜂的準備就業活動，難道只有這條路可以走嗎？」所以，我決定脫離大家的路線，前往劍橋大學研究所留學，回國後也沒到一般公司上班，而是選擇獨立創業。

和別人走一樣的路或許很輕鬆，但你不覺得這樣會越來越不了解自己嗎？你會因此對自己失去信心，也會越來越難靠自己做決定。我認為建立自信的最快捷徑，就是確保一個人獨處的時間，所以我到目前為止，都很重視一個人的時間，這是我行程表中最優先的事項。每當享受一個人的悠閒時光，都能讓內心獲得療癒。

請別誤會我的意思，我並不是要你澈底孤立於世。因為一個人什麼也辦不到，所以你必須面對自己，好好提升自己的水準，再與他人同心協力，打造出只有團隊能完成的事情。為了讓自己貢獻出高水準的合作能力，你需要一個人獨處的時間。

不要隨波逐流，積極向前進吧。

POINT

確保你有一個人獨處的時光。

7 日本大學採獨立招生，一般來說會在六到八月間公布簡章。雖然入學考試的日期各有不同，但大多落在九到十一月之間，比較慢的學校則是隔年的一到二月左右。開學多落在四月。

9 懂得花錢比如何賺重要

在日本，儲蓄觀念還是根深柢固，人們會因為擔心生病、遇上困難而預先存錢，但我認為金錢唯有使用它才有價值，我相信只要把錢用在對人們有幫助的地方，最終會出現應有的回饋。

這是我大學時閱讀《富爸爸，窮爸爸》（*Rich Dad, Poor Dad*）這本書時學到的道理，**如何花錢比如何賺錢重要**，是我從書中得到的訊息。換言之，**你花錢的方式決定是浪費亦或投資**。

從此以後，我大幅改變了用錢的方式，每當付錢時，我都會自問這筆錢是浪費還是投資。

我不算是物欲很強的人（當然，如果有令我非常著迷的東西也是會買），所以幾乎不曾因為有了錢而跑去買車或奢侈品。比起購物，我更願意把錢花在體驗和他人身上。

首先，我喜歡用賺來的錢去做自己想嘗試的事情，我會用於成立新事業、出門旅行、參加交流會或品嘗美食，假如發現有趣的活動，再遠也願意前往加入。事實上，我就曾經和透過社交平臺認識的經營者，臨時起意一起去歐洲旅行。

這趟突如其來的旅程自然花了不少錢，但我完全不在意。畢竟，一旦計較得失，很多行動就不得踩煞車了。

身邊的人問我：「這麼做你得到了什麼好處？」我根本不在乎，唯有把錢用在你想嘗試的事物上，金錢才算是有用的，不是嗎？

我認為體驗本身具有獨創性。每個人都會走出不一樣的人生，但你能用錢買到的東西，別人也買得到，唯獨體驗本身獨一無二。把錢用在自己身上，便能增加唯有你能述說的經驗，這是為了打造出只有你能辦到的能力的一種手段。

另外，我也會把錢花在人身上，如設宴請客、邀請嘉賓辦活動。我認為讓孩子們親眼見到真正的名人，才能夠激發他們的好奇心與求知欲，所以我會邀請能帶給人夢想的嘉賓來參加活動。

例如，我邀請過盤球專家岡部將和——曾經和內馬爾（Neymar）和小羅納度（Ronaldinho）等頂尖足球選手同臺演出、日本足球代表選手，以及為海外知名選手進行盤球指導的教練。雖然岡部將和的社交平臺擁有超過一百七十萬的追蹤人數，孩子們也早已透過YouTube或TikTok等平臺上的影片知道他有多厲害。

不過，實際上親眼見識他們的技巧，親耳聆聽他們分享觀點，更具有強烈的說服力。許多孩子會因此在內心燃起希望：「如果我更加努力就能成為那樣的人！」而變得更加熱愛足球。

假如我花的錢能讓社會變得更好，我會很開心，而我也想要有機會為寶貝的孩子們，打造出更美好的社會。

我相信以這種方式使用金錢，能為自己累積不少信用儲蓄。

假設我不幸死於意外事故，或許會有人出於感念：「那時曾深受塚本先生照顧。」而來幫助我的家人也說不定。但我做這些也不是期待他人會有所回報。

懂得用錢比如何賺錢重要，為什麼不停止存死錢？

POINT

你要為了豐富自己的親身體驗而花錢。

10 先有目標才執行？你的順序錯了

「達成夢想和目標的方法只有一個，就是累積微不足道的小事。」這是二〇一九年從美國職棒大聯盟西雅圖水手隊退休的選手——鈴木一朗所說過的名言中，我最喜歡的一句話。這句話出自於二〇〇四年，鈴木一朗因為打破大聯盟年度安打紀錄，而在記者會上發表的談話之一。

一定要建立目標、擁有夢想，相信這是不少人從小到大聽到耳朵長繭的話。擁有夢想或目標，的確能為人生帶來更多活力，幫助自己有所成長，不過，我認為你不該勉強自己去設立夢想或目標。

根據美國的一項心理學研究表示，人們在年初時立定的目標，有八〇％到二月就消失了。為什麼？我認為是因為這不是發自內心立定的目標。

如果你只是莫名覺得應該要有個目標，而硬是逼自己：「好，今天就訂下十個目標！」這樣是不可能認真去實現的，因為找到想認真去做的事，才有了目標，難道不該是這個順序嗎？

就以我來說吧，高二那年遇到的加拿大籍英文老師，讓我對英文產生了興趣。在那之前，我總是在學校搗亂，也沒有一個大人願意聽我這種做盡壞事的傢伙想說什麼，而第一位聽我傾訴、認真聽我說話的人，就是這位老師。

雖然他是日裔加拿大人，但日文說得還不錯，所以我們主要以日語交談，老師告訴我世界上存在著各式各樣的價值觀，當我聽到這些話的當下，心中冒出了「我想出國」的念頭。

若想達成這個心願，就必須學好英文，所以我開始為了出國留學而學習英語。這段過程，讓我對英文有了既具體又明確的目標。

我認為夢想和目標，是一種會在偶然間來到身邊的東西，又或許是某人帶來給你的。像我到劍橋大學研究所進修時就是這樣。其實一開始，升學並非我的目標，我只是想出國留學就飛去英國了，每天專注於自己能做的事情、努力學習英文，又因為遇上很棒的恩師和環境，讓我不知不覺走上了升學這條路。

你不用強迫自己一定要有夢想或目標，倘若找不到，單純只是時候未到。只不過，我認為這時依然持續行動的人，夢想和目標很快就會找上門來，因為，只要有所行動，就能增加更多與他人邂逅的機會。

POINT

在夢想或目標出現前，先行動。

後記

決定不要做的事，就是最好的管理

蘋果的創辦人賈伯斯曾說過：「決定不要做的事。這就是管理。」這句話簡直就是「決定不去做什麼，這就是人生」的最佳體現。

真正的行動派都會清楚表態不做的事，我也認為這樣才能留下巨大成果。

「人生不能只做自己想做的事情，這樣一來無法謀生。」日本教育充斥著這種忍耐為上的教誨，結果造成人們一邊做討厭的事情，一邊為了生活而吞下厭惡，帶著痛苦工作。咬緊牙關，拚命去做不是自己真正想做的事情，最後還不得不說服自己人生就是這麼一回事。

不過透過馬上不做清單，我明白了一件事，是我自己忍氣吞聲、向不願意做的事情妥協，而沒有去完成自己想做的事情。

當我意識到不行動就一事無成後，就養成立刻行動的習慣，但無論面對大小事情都一味的接受，讓我漸漸有種走進死胡同的感覺，於是我開始思考：「說到底那種一定要去做什麼的成見本身就錯了，不是嗎？」

只因為覺得忙碌是好事，人生就該要有做不完的事情，因而對於無事可做的空白時間感到不安，而想盡辦法填滿。如此一來，就會逐漸看不清本質，自我懷疑：「到底為什麼要做這件事？」

「為什麼我明明動作快，也學了很多東西，卻仍有股停滯不前的感覺？」當我因此煩惱不已時，給我解套線索的正是閱讀。

世上的成功人士，都很擅長為行動和思考進行斷捨離。他們很明確的定義出真正必須採取行動的事情，以及為了什麼目的而做。因此，他們會大刀闊斧的斬斷不必要或不重要的事。

管理學之父彼得．杜拉克（Peter Drucker）曾說過一句話：「首先，決定不要做的事吧！」這一句話，讓我豁然開朗。

仔細想想，才發現我身邊那些拿出成果的人，都不會做出無謂的行動。他們與人往來不是為了消磨時間，而是在有限的時間內選擇要與誰見面。他們也會斷然區分悠閒放鬆，以及全心投入要務的時間，行動上游刃有餘、進退自如。

我們的人生都受到成見所支配，比如大家口中的常識。不知不覺間，這些成見會讓人白費很多力氣。當我意識到這點後，遇上各種狀況時，都會讓自己歸零思考，自問：「為了什麼目的而做？」、「這件事真的非做不可嗎？」一旦感到沒必要就乾脆放手。最初我很害怕捨棄，擔心「不做的話有人會很生氣吧」、「會不會有人來找麻煩？」等，結果卻恰好相反。

當我決定不去做什麼後，就漸漸明白自己真正想做的是什麼了。

受到非要做點什麼的念頭和忙碌制約時，某方面來說像是自我欺騙，不過，一旦澈底整理出不做也沒關係的事情後，終於有多餘的時間，而這份空檔讓我內心得以保有更多從容。

當你拒絕被動消化他人的要求，而把時間撥給你真正想完成的事情時，你的日子會整個充實起來。

決定不去做的事情，並馬上完成確定要達成的工作，你的人生將因此改變。

我在本書整理了五十項不做也沒關係的清單，其中充滿幫助大家重新檢視人生的提示。

現在、馬上，弄清楚自己不想做什麼吧，一旦排除所有非必要的事物，精神暢快的每一天就在前方等著你。

國家圖書館出版品預行編目（CIP）資料

管理，就是先決定不做的事：事業想成功、投資想賺錢、職場有表現，你需要的不是馬上行動，而是先明白哪些事「不做」。／塚本亮著；高佩琳譯. -- 初版. -- 臺北市：大是文化，2021.02
240 面；14.8×21 公分. --（Biz；349）
譯自：すぐやる人の「やらないこと」リスト
ISBN 978-986-5548-25-4（平裝）

1. 修身　2. 生活指導

192.1　　109016688

Biz 349

管理，就是先決定不做的事

事業想成功、投資想賺錢、職場有表現，
你需要的不是馬上行動，而是先明白哪些事「不做」。

作　　者／塚本亮
譯　　者／高佩琳
責任編輯／林盈廷
校對編輯／江育瑄
美術編輯／張皓婷
副 主 編／馬祥芬
副總編輯／顏惠君
總 編 輯／吳依瑋
發 行 人／徐仲秋
會　　計／許鳳雪、陳嬅娟
版權專員／劉宗德
版權經理／郝麗珍
行銷企劃／徐千晴、周以婷
業務助理／王德渝
業務專員／馬絮盈、留婉茹
業務經理／林裕安
總 經 理／陳絜吾

出 版 者／大是文化有限公司
臺北市 100 衡陽路 7 號 8 樓
編輯部電話：（02）23757911
購書相關資訊請洽：（02）23757911 分機 122
24 小時讀者服務傳真：（02）23756999
讀者服務E-mail：haom@ms28.hinet.net
郵政劃撥帳號 19983366　戶名／大是文化有限公司

法律顧問／永然聯合法律事務所
香港發行／豐達出版發行有限公司 Rich Publishing & Distribut Ltd
地址：香港柴灣永泰道 70 號柴灣工業城第 2 期 1805 室
Unit 1805, Ph. 2, Chai Wan Ind City, 70 Wing Tai Rd, Chai Wan, Hong Kong
電話：21726513　傳真：21724355
E-mail：cary@subseasy.com.hk

封面設計／陳皜
內頁排版／顏麟驊
印　　刷／緯峰印刷股份有限公司

出版日期／2021 年 2 月初版
定　　價／新臺幣 340 元（缺頁或裝訂錯誤的書，請寄回更換）
ISBN　978-986-5548-25-4